14歳の
WORLDLY WISDOM FOR 14 YEARS OLD
世渡り術

大人になって困らない語彙力の鍛えかた

今野真二

河出書房新社

大人になって困らない　語彙力の鍛えかた　もくじ

第2章

ゆかいに語彙力を身につける【初級編】

第3章

ゆかいに語彙力を身につける【上級編】 105

第4章

語彙力を豊かにする「ほんとうの王道」 157

かく
よむ

はじめに

「語彙《ごい》」や「語彙力」は最近よく目にしたり、耳にしたりする表現です。この本のタイトルにも「語彙力」が含《ふく》まれています。よくきくから、なんとなくわかっているような気がしますが、改まって「語彙ってなに？」といわれると、うまく説明できないかもしれません。語彙力を鍛《きた》えようといっているのに、語彙が何かわからないというのはおかしなことになります。「筋力を鍛えよう」といってトレーニングをしているのに、「筋力」が何か知らないのは変です。ですから、まず簡単に「語彙」について説明しておきましょう。

わかりにくさは「語彙」の「彙」にありそうです。「彙」はちゃんと常用漢字表に載《の》せられています。ただし「イ」という音が認められているだけで、訓が認められていません。「例」の欄《らん》には漢語「語彙」が一つだけあげられています。どうやら、現在「語彙」以外にはあまり「彙」を使うことがなさそうです。そうだとすると、なおさら最初にきちんと「語彙」ということについておさえておく必要があります。

漢和辞典で「彙」を調べてみましょう。字の意味に「はりねずみ」と書いてあって「??」となったのではないでしょうか。「はりねずみ」に続いて、「たぐい・なかま・同類のもの」「あつめる・あつまる・あつまり」などと書いてあると思います。「彙」は針のような毛が密生しているハリネズミのことだったのです。「語彙」は〈語を集める〉あるいは〈あつまった語〉〈語のあつまり〉のことです。ただし、そこには何か「観点」あるいは「分類」があります。

「マツタケ・シイタケ・ナメコ・シメジ・マイタケ・ヤマブシタケ・ツキヨタケ・ベニテングタケ」は何でしょう、と聞かれたらなんと答えますか。「日本産キノコ」と答えるでしょうか。そうですね。右のような「集合」を示されると自然に実際のキノコが思い浮《う》かぶと思いますが、右の「集合」は実際のキノコではなく、「語の集合」だと思ってください。さきほどの表現を使えば、「キノコ（という）類をあらわす語の集合」ということになります。「キノコ語彙」といってもいいでしょう。

さて、皆《みな》さんはキノコに詳《くわ》しいでしょうか。秋になると採ってきたキノコを食べて食中毒になった、というようなニュースを聞くことがありますね。右の「集合」から「ツキヨタケ・ベニテングタケ」をはずして、「マツタケ・シイタケ・ナメコ・シメジ・マイタケ・ヤマブシタケ」という新たな「集合」を作ってみましょう。この「集合」は食べられるキノコです。「集合」の名前＝レッテルは「日本産食用キノコ類」としましょうか。日本産の食べられるキノコをあらわす語を集めようということになると、「ツキヨタケ」「ベニテングタケ」は入ることができません。日本産のキノコをあらわす語であればそこに入ることができます。「マツタケ・シイタケ・ナメコ・シメジ・マイタケ・ヤマブシタケ」はどちらの「集合」にも入ることができるわけですね。

このように、「集合」をかけるためには、「三年一組の生徒は鉄棒の前に集まってください」というように何か限定をしておく必要があります。「何らかの観点から集めた語の集合」それが「語彙」です。

「語彙」を増やすにはどうしたらいいか？　そのことについて述べるのが本書の目的ですが、本書では「語彙力」という表現を使っています。「語彙力」は「語彙を使いこなす力」です。「語彙」を増やすだけなら、語をどんどん暗記していくということも考えられなくはありません。しかしせっかく暗記した語も、それが使えなければ暗記が無駄《むだ》になります。使うことも視野に入れて「語彙」を増やすということが大事です。そんなことも意識しながら、本書を読み進めてください。

第1章

せっかく日本語が使えるのだから

WORLDLY WISDOM
FOR 14 YEARS OLD

脳の中には辞書がある？

まずは、「現状」を把握《はあく》するところから始めてみましょう。自分がどうやって日本語を使っているのか、どうやって語の意味＝語義をとらえているのか、ということなどは案外ふりかえったことがないかもしれません。先に「語をどんどん暗記」するということを話題にしましたが、語を暗記する、語を覚えるというのはどういうことなのでしょうか。

言語を操《あやつ》るヒトの脳内には語を集めた辞書のようなものがありそうです。それはまだ具体的につきとめられていないので、仮説ということになりますが、でも、そう考えないとたくさんの語を駆使《くし》することはできそうもないですよね。日常生活でどのくらいの数の語を使っているか、というのは答えるのが難しそうな問いです。どうやって数えればいいかわからないからです。しかし、なんとなく十万語ぐらいではないかという意見があります。今、仮にそれに従うとすれば、脳の中の辞書には十万語ぐらいの語が収められていることになります。現在刊行されている小型の国語辞書は少ないものでも六万、多いものでは九万を少し超《こ》えるぐらいの見出しを収めているので、脳の中には多めの小型国語辞書一冊分ぐらいの語がまるまる収まっていることになります。この脳の中の辞書を「心的辞書（mental lexicon）」と呼ぶことがあるので、本書でもこの用語を使っていくことにします。

現在刊行されている小型の国語辞書は見出しを五十音順に並べています。では、心的辞書にも五十音順で語が収まっているのでしょうか。そもそも心的辞書が仮説であるので、検証することはできませんが、そうではなさそうな気がしないでしょうか。

例えば、さっきの「キノコ語彙《ごい》」ですが、「キノコをあらわす語を知っているだけあげなさい」といわれた時に、「あ」から辞書をめくっていくような感じで、語を拾い出しているでしょうか。そうではなくて、例えば最初に「マツタケ」が思い浮《う》かぶと、次々にキノコをあらわす語が思い浮かぶような、連想するといった感じではないでしょうか。あるいはご家庭の食事の場面を思い浮かべるかもしれません。キノコ狩《が》りをしたことがある人は、その時何が採れたかなと思ったかもしれません。

語と語とは「連想」によって結びついている場合がありそうです。また、語は、何らかの「場面」と結びついて辞書に収められている場合がありそうです。この「連想」と「場面」とを語彙を考えるにあたってのキー・ワードととらえておくことにしましょう。

「タケ」は「キノコ」をあらわす古語です。「マツタケ」は松の根元に生えるキノコ、「シイタケ」は椎《しい》の木に生えるキノコということですが、こうしたことを「知識」として知っていて、「タケ」が下につく語を探した人がいるかもしれません。あるいは「知識」としては知らなくてもなんとなく、「〜タケ」を思い浮かべようとしたかもしれません。これは「〜タケ」という発音が共通している語ということで、そういうつながりで語が収められている場合もあるかもしれません。この場合は発音が「連想」のきっかけになっているわけです。

いずれにしても、語は「心的辞書」に五十音順で収まっているのではなく、「何らかのグループ」をつくって収められていると考えたほうがよさそうです。「何らかのグループ」が……そうですね、「語彙」です。「語彙力がない」というのは、この心的辞書が強力ではない、つまりちょっと弱いということを意味することになります。

マイタケ
タケ
タケ
タケ
シイタケ
マツタケ
???タケ

語彙は暗記で増やすものではありません！

語彙を増やすことを謳《うた》っている本はたくさん出版されています。しかし、そういう本の多くは、小学校高学年までにこの語を覚えましょう、中学校の間にこの一三九二語を覚えましょう、高校の最初にはこの四七七語を覚えましょう、というように、語を記憶《きおく》するというかたちを採っています。あるいはそれがクイズ形式になっています。さらに、その「覚えましょう」の中に、いわゆる慣用句や四字熟語がかなりの数含《ふく》まれていることが多いように思います。これは筆者が小学生だった五十年ぐらい前とほとんど変わらない「発想」のようにみえます。筆者が小学生だった頃《ころ》も、「国語便覧」のような参考書はあって、そこには慣用句や四字熟語が載《の》せられていました。

例えば慣用句「のべつ幕なし」「おくびにも出さない」を中学校レベルとして示している本があります。「のべつ幕なし」は〈休む間もなく〉、「おくびにも出さない」は〈そのことを決して言わない〉という意味で、「妹は、のべつ幕なしにしかられている」

「父は昔の苦労をおくびにも出さない」という例文が添えられています。例文は立派な例文で、どこもおかしくありません。

筆者は、しかし……、と思います。筆者は今年五十九歳《さい》になりますが、今までの言語生活で自分から「のべつ幕なし」とか「おくびにも出さない」と言ったことが何回あるだろうかと思います。ひょっとすると、一度もこれらの慣用句を使ったことがないかもしれません。これは「はなしことば」で使ったことがなさそうだ、ということですが、「かきことば」でも使っていないかもしれません。そもそも、これらの慣用句は「はなしことば」「かきことば」どちらで使うことが多いのだろうとさえ思います。つまり使う場所がよくわからないのです。

「のべつ幕なし」が新聞でどのくらい使われたことがあるかを調べてみましょう。今は便利なものがたくさんできています。『朝日新聞』の創刊号（一八七九年）から今日ただいままでの記事を調べることができる『聞蔵《きくぞう》Ⅱ』という名前のデータベースがあります。このデータベースで「のべつ幕なし」を検索《けんさく》してみると、二十九件の記事を見つけることができます（二〇一七年六月現在）。新聞の膨大《ぼうだい》な言語量を考えると、二十九件は驚《おどろ》くほど少ないことになります。「使う」ということを重視するのであれば、この慣用句を覚える必要はあまりない、といえそうです。「おくびにも出さない」はどうでしょうか。こちらは四十一件で、「のべつ幕なし」に比べるといくらか多いですが、でも「よく使う」とはとてもいえません。

自分が「はなしことば」や「かきことば」で使わなくても、過去には使われていた語は当然あります。それが過去の「かきことば」で頻繁《ひんぱん》に使われていたのならば、その語を知らないと過去に書かれた本を理解することができません。ですから、語彙を増やすといった時、まず最初には、現在「はなしことば」「かきことば」で使われている語をバランスよく習得しておく必要がありますが、それだけでは充分《じゅうぶん》ではありません。過去の「かきことば」で使われていた語も「心的辞書」にとりこんでおく必要があります。このことが案外と忘れられていることがあります。

「過去のかきことば」はまずは現代から近い過去である明治時代ぐらいを想定しておきましょうか。そうすると、「明治時代の本を読む」というようなことも語彙を増やすことにかかわってきそうです。これもキー・ワードとしておきましょう。

暗記の「問題点」は使う「場面」がよくわからないということです。ほとんどの場合、この語の語義＝意味はこれこれ、と説明し、例文があげられています。例文で察しなさい、ということかもしれませんが、「かきことば」で使うような語なのか、そうではなくて、「はなしことば」のみで使うような語なのか、ということが使う場合には重要になってきます。

例えば、「忖度《そんたく》」「発露《はつろ》」を高校生レベルに設定している本がありますが、それぞれの意味を〈他人の気持ちを考えること〉〈思っていることが外にあらわれること〉と説明して、「相手の心中を忖度する」「激しい競争本能の発露」という例文が示されています。この「ソンタク（忖度）」「ハツロ（発露）」という語を『三省堂国語辞典』第七版（二〇一四年）で調べてみると、両方とも文章語であることをあらわす［文］マークが附《ふ》されています。つまりこれらの漢語は「かきことば」ということになります。だから「君への気持ちが思わず発露してしまったよ」などと恋人《こいびと》に話しかけると「なにそれ？　ふざけてんの？」ということになるはずです。

筆者が高校一年生だった頃、英語の大学入学試験のために、多くの友人が『試験にでる英単語』(一九六七年、青春出版社)(略称《りゃくしょう》「出る単」)を買って覚えていました。最近、懐《なつ》かしくなって購入《こうにゅう》してみましたが、それは二〇一〇年に出版された第三十八刷でした。「二色刷デラックス版」がうたわれていました。「intellect」「conscience」「tradition」「patriotism」「religion」と覚えていったのですが、この「出る単」は「ボー暗記はナンセンスだ」といい、「最も重要な単語から順番に配列した」ことを特色としています。しかし、例文は載せられていません。使用頻度順に覚えるということは理にかなっているると思いますが、つまりは「この語の語義はこれ」ということを覚えるということになります。それでも入学試験にはもちろん役立つでしょうし、さまざまな面で有用だろうと思う一方で、これはやはり覚えている語を増やすということだろうと思わざるをえません。

覚えている語が増えれば、語彙は増えているといってもよさそうですが、最初に述べたことを思い出してください。「語彙」は「何らかの観点から集めた語の集合」なのですから、「何らかの観点」にしたがって、脳内の辞書に「格納」しなければなりません。あるいはすでに「格納」してある語と結びつけるようなかたちで整理して、しまっておかないと効率よくそれをとりだせないということです。だから、少し厳しい言いかたをすれば、覚えている語の数を増やすだけでは「語彙」は豊かにならないということです。

今までいろいろな本で語を暗記したけど、なんだか語彙力が増したような気がしないという方はいないでしょうか。記憶したら、しかるべき場所に「格納」＝ひも付けするところまでやっておかないと、覚えたはずの語はふわふわと漂《ただよ》ってしまって、結局は使うことができません。本書では、その「格納」あるいは「ひも付け」ということを重視していきたいと思っています。

日本語はこういうふうに成り立っている

「格納」「ひも付け」を具体的に考えるために、下準備として、日本語がどのように成り立っているかをおさえておくことにしましょう。「日本語が」は「日本語の語彙（体系）が」ということです。

言語を考える上では、「他とのかかわり」が大事です。話を語に絞《しぼ》れば、ある語は他の語とのかかわり、かねあいの上に存在しているということです。語義＝語の意味という広場を想像してください。その広場のここからここまでは語Aが担当しています。その隣《となり》には、語Bの担当区域があります。その隣には語Cの担当区域がある、というように、ある語の隣、あるいは向かい側には別の語があります。語Aが勢力を拡大していけば、語Bの担当区域は狭《せま》くなるでしょう。また時間が経《た》って、語Bが勢力をもりかえしていけば、今度は語Aの担当区域が狭くなります。「他とのかかわり」によって、ある語が担《にな》う語義＝語の意味が決まってくるということです。

さて、日本語の語彙は、純粋《じゅんすい》な日本語＝和語、もともとは中国語であった語で、日本語の中で借用された漢語、中国語以外の外国語を借用している外来語という三つの「語種」から成り立っています。それぞれが占《し》める割合は、何をどのように計測するかによって、変わってきますが、野村雅昭他編『新選国語辞典』第九版（二〇一一年、小学館）は、見出しとした一般《いっぱん》語七万六五三六語の語種による内訳を示しています。それによると、和語が三十三・二パーセント、漢語が四十九・四パーセント、外来語が九・〇パーセント、混種語が八・四パーセントであるといいます。混種語とは、和語と漢語と

日本語

の複合語とか、和語と外来語との複合語などをさしています。この数値では、漢語が五十パーセントちかくを占めていることになりますが、これは小型の国語辞書の見出しでの計測であるので、どちらかといえば「かきことば」寄りの数値ということになるでしょう。

和語は「やまとことば（大和言葉）」と呼ばれることもあります。右に述べたように、日本語の語彙全体は「和語＋漢語＋外来語（＋混種語）」で成り立っているのだから、「やまとことば」だけを大事にしてもいわばしかたがないことになります。そして、和語同士、あるいは和語と漢語、和語と外来語とが結びつきを形成していることが予想されます。言いかたを変えれば、和語と何らかのかたちで結びつきを形成することが、借用語である漢語や外来語を理解するということともいえそうです。このあたりから、「格納」「ひも付け」について考えていくことにしましょう。

外来語の理解のしかた

『ドラえもん　はじめての国語辞典』（二〇一三年、小学館）という辞書があります。帯には「園児から、小学校低学年向けです」「よりぬき一万九〇〇〇語」と書かれています。日本語について、根本からじっくりと考えてみようという時などにこの辞書をみていると、思いがけず「ヒント」が得られたりします。

この辞書で「スタート」を調べてみると、「①出発。「スタートをきる。」②出発する所。出発点」と記されています（振仮名《ふりがな》は省いて引用しました）。「スタート」を『三省堂国語辞典』第七版（二〇一四年）で調べると「①出発（点）。「―を切る・―につく」（↔ゴール・フィニッシュ）②始まること。開始。「新制度が―する」」と記されています。『新明解国語辞典』第七版（二〇一一年、三省堂）にも「出発（点）」と記されており、『集英社国語辞典』第三版（二〇一二年）にも「①出発すること。②開始すること」と記されています。このことからすれば、外来語「スタート」は漢語「シュッパツ（テン）（出発）（点）」あるいは「カイシ（開始）」と結びつけて理解されているようです。「園児から、小学校低学年向け」の辞書でも、一般的に使われている小型の国語辞書でも同じなので、「子供から大人まで共通の理解」をしていると考えていいでしょう。子供は子供の使う語の間で、結びつけを行ない、大人は大人の使う語の間で結びつけを行なうということも当然あるでしょうが、子供も大人も共通の結びつけをしていることもありそうです。となると、「しっかりした結びつけ」を早い時期に行なっておけば、その結びつけは大人になっても有効だということになります。逆にいえば、そうした結びつけをきちんとしないままに大人になると苦労しそうですね。

漢語の理解のしかた

また『ドラえもん　はじめての国語辞典』をみてみましょう。この辞書で漢語「コキョウ（故郷）」を調べると、「生まれそだった土地。ふるさと。郷里。郷土」と記されています。漢語「コキョウ（故郷）」が和語「フルサト」で説明されています。『集英社国語辞典』には「自分が生まれ育った土地。ふるさと。郷里。郷土」と記されていて、やはり、小型の国語辞書の説明もほとんど同じです。「「コキョウ（故郷）」とは「フルサト」のことだ」と理解されているといってもよいでしょう。ちなみに、『集英社国語辞典』で「フルサト」を調べてみると、「①（よその土地に出た者から見て）生まれ育った土地。故郷。郷里。出身地。②（比喩《ひゆ》的に）物事の発祥《はっしょう》地。また、その源となるもの」と記されています。つまり「「フルサト」とは「コキョウ（故郷）」のことだ」ということで、「コキョウ（故郷）」が「フルサト」で、「フルサト」が「コキョウ（故郷）」、「A＝B」なんだから「B＝A」も成り立つのは当たり前ではないかと思われたかもしれませんが、語の場合はそうでもないのです。AをBで説明できるからといって、BをAで説明できるとは限りません。「スズメはトリだ」とはいえますが、「トリはスズメだ」とはいえません。この場合、「スズメ」は「トリ（類）」をあらわす語彙」の一つなので、「トリ」のほうが大きなまとまり＝上位概念《がいねん》を形成しているのです。

さて、漢語「コキョウ（故郷）」と和語「フルサト」とがしっかりと結びついていることを確認《かくにん》しました。和語と結びつけることによって漢語を理解するというやりかたは、日本語の歴史の中で長く行なわれてきたといってよいでしょう。ではそのことをクイズ形式で実感していただきましょう。

次の漢語を和語で言い換《か》え、あるいは説明してみましょう。答えは32頁。

1 ロウバイ（狼狽）
2 タンガン（嘆願）
3 エンキョク（婉曲）
4 ラクタン（落胆）
5 ルフ（流布）
6 ケイガイ（形骸）
7 ケンソウ（喧騒）
8 チュウシュツ（抽出）
9 グロウ（愚弄）

10　ロウホウ（朗報）

右のクイズは漢語を和語で言い換える、あるいは説明するという方向の「ひも付け」ですが、これを逆にして、自分が知っている和語とまだ知らない漢語とを「ひも付け」することができれば、手持ちの語を使って語を増やすことができます。

手持ちの語を使って語を増やしてみよう①「ひも付け」をする

「あの人にはずいぶん意地悪をされてきた。いつか長年の恨みを晴らしたいものだ」ちょっと穏《おだ》やかでない例文になってしまいました。この「長年の恨《うら》み」を漢語に言い換えられないでしょうか。「シュクエン（宿怨）」が〈長年の恨み〉という語義をもつ漢語です。こうやって、手持ちの語を使って語を増やすことを考えてみたいのですが、「長年の恨み＝宿怨」という「ひも付け」だけでなく、もう少し丁寧《ていねい》に説明しておきましょう。

30−31頁の答え

1　あわてること／2　たのむこと／3　とおまわし／4　がっかりすること
5　ひろまること／6　中身がなく形だけのもの／7　さわがしいこと
8　ぬきだすこと／9　ばかにしてからかうこと／10　よいしらせ

漢語「シュクエン（宿怨）」の下の字「怨」は常用漢字表に載せられています。使用例には「怨恨《えんこん》」「怨念《おんねん》」二つの漢語があげられています。残念なことに、この「怨」には訓が認められていません。でも、「エンコン（怨恨）」という漢語があることから、〈うらみ〉という意味をもつ字だということはなんとなくわかっているかもしれません。そうすると、「長年の恨み」の「ウラミ（恨）」に対応するのが、「宿怨」の「怨」なのですから、「宿」が「長年」に対応しそうです。「宿」も常用漢字表に載せられています。「やど」「やどる」「やどす」三つの訓が認められています。〈やど〉と近い意味とみることもできますが、「宿」には〈とどまる・とどめる〉という意味があります。そこから

〈ふるくから・かねてから・ひさしい〉というような意味に使われることがあります。このことをおさえると、「シュクガン（宿願）」＝〈かねてから持ち続けてきた願い〉や「シュクテキ（宿敵）」＝〈かねてからの敵〉や「シュクメイ（宿命）」＝〈前世から定まっている避《さ》けられない運命〉といった漢語の語義が理解しやすくなります。まずは覚えないと「現状打破」はできませんが、「ボー暗記」はいただけません。少し丁寧に脳内の辞書に「格納」することによって、かえって多くの効果が期待できるのではないでしょうか。

右のようなことが確認できると、〈前もって出される課題〉である「シュクダイ（宿題）」は、「宿」が〈前もって出される〉に対応しているということもわかります。ここまで整理できると、「宿」が上字になっている漢語の語義が「想像」できるようになります。「かねてから・以前から・長年の」「前世から」あたりを「宿」にあてはめてみましょう。

シュクシ（宿志）　　前から持ち続けている志

シュクボウ（宿望）　長年の望み
シュクエン（宿縁）　前世からの因縁《いんねん》
シュクゴウ（宿業）　前世での善悪の行ない＝業
シュクヘイ（宿弊）　かねてからの弊害《へいがい》

手持ちの語を増やすきっかけというのはいろいろなところにあると思います。右のようなことを考えながら、本を読んでいて、「シュクザイ（宿罪）」という語にであったらどうでしょうか。〈前世に犯《おか》した罪〉という語義がわかってしまうかもしれません。〈前世〉と関係があるなとあたりをつけて、辞書を調べてみる気になるかもしれません。そうやってわかった語は、しかるべきところに「格納」されるはずです。そしてしかるべきところに「格納」された語は、しかるべき時に、すっと「格納庫」からでてくるはずです。この「すっとでてくる」が大事です。これが「ボー暗記」との違《ちが》いになりそうです。ある文を書こうと思う、あるいは話そうと思うと、その文をかたちづくるために必要な語が「すっとでてくる」、これが理想です。そういうことのために、語彙を整えて

宿
宿敵
宿題

いるのです。この本のタイトルをもう一度よくみてください。「語彙力の鍛《きた》えかた」とありますね。この本をよんで、もちろん使える語が増えるはずです。しかし、この本をよんで、使える語の増やしかたを身につけてほしいと思っています。「増やしかた」が身につけばこわいものはありません。あとは、その「増やしかた」に沿って、日常の言語生活をすればいいわけです。それこそ「急がば回れ」で、丁寧なやりかたを採るからこそ「大人になって困らない語彙力」を身につけていくことができるのです。

手持ちの語を使って語を増やしてみよう②
「ひも付け」の実践《じっせん》【漢語編】

「繰《く》り返し働きかけがあったので、先方の要求を受け入れることにしたよ」と会社の上司が言ったとします。そういう「はなしことば」を想定した例文です。先方との交渉《こうしょう》の記録を文書にしておこうということになった時に、「先方の要求を受け入れた」と文書に書けないということはないでしょう。それでもいいですが、少し「固く」書きたかった場合に、この「ウケイレル」を漢語に置き換えられないでしょうか。

置き換えの候補は幾《いく》つかありそうですが、「ジュダク（受諾）」はどうでしょうか。「先方の要求を受諾した」。立派な「かきことば」です。言語には「はなしことば」と「かきことば」とがあります。両者で同じ語を使うことはもちろんあります。「ヤマ（山）」は「はなしことば」でも「かきことば」でも「ヤマ」です。しかしその語は「はなしことば」で使うとおかしいよ、とか、その語は「かきことば」で使うと変だよ、といったこともあります。

さて、「はなしことば」は自然に習得します。いつの間にか日本語が使えるようになった、という時の日本語は「はなしことば」です。一方、「かきことば」は学習する必要があります。小学校、中学校、高等学校の教育は、「かきことば」を教育するということでもあります。そうすると、自然に習得している「はなしことば」においては、あまり個人差がなく、後天的に努力して習得する「かきことば」に個人差があるともいえそうです。つまり、「語彙力を強化する」という時の「語彙力」はもっぱら「かきことばにおける語彙力」のはずです。となると、例の「ひも付け」理論を使って、「はなしことば」と「かきことば」とをきちんと「ひも付け」することによって、「かきことばの語彙力を強化する」という方法がありそうです。

少し練習してみましょう。次の傍線《ぼうせん》部を漢語に置き換えてみてください。答えは40頁。

1　マキャベリはただ単に狐《きつね》のずるさをほめたたえたわけではありません。

2　活動を続けるには、衣装《いしょう》代やレッスン代などいろいろな費用が必要です。

3　最寄《もよ》りの駅から学校まで行くのに必要な時間はどのくらいでしょうか。

4　こんな状況《じょうきょう》になってしまったほんとうの原因はいったい何だろう。

5　この絵は、ピカソが描《えが》いた本物か偽物《にせもの》かで論争がありました。

6　物事に対する彼《かれ》のまじめでひたむきな態度はすばらしい。

7　双方《そうほう》ともに、相手の考えを受け入れないと問題は解決しない。

8　午後から日射《ひざ》しが強くなったようだから、部屋の外の気温はかなり高くなっているだろう。

9　家族で北海道の牧場を訪《おとず》れた。馬が柵《さく》の中をすごいスピードで走り回っていたので、驚いた。

10　片付けなければならないことがたくさんあったので、父から頼《たの》まれていたことをうっかり忘れてしまっていた。

手持ちの語を使って語を増やしてみよう③
「ひも付け」の実践【外来語編】

少し前から日常の言語生活で使う外来語が急速に増えてきました。そうした外来語は片仮名《かたかな》で書くことが多いので、「カタカナ語」と呼ばれることもあります。二〇〇二年十二月には、国立国語研究所の「外来語委員会」が「『外来語』言い換え提案─分かりにくい外来語を分かりやすくするための言葉《ことば》遣《づか》いの工夫《くふう》についての提案─」の中間発表を行なっています。この二〇〇二年の五月には、政府の経済財政諮問《しもん》会議で、閣僚《かくりょう》などが政策説明の中で分かりにくい外来語をしばしば使ったことについて、当時の小泉純一郎首相が、「バックオフィス」「インキュベーター」「アウトソーシング」などの外来語

38−39頁の答え
1　賞揚《しょうよう》／2　諸費／3　所要／4　真因／5　真贋《しんがん》／6　真摯《しんし》／7　譲歩《じょうほ》
8　室外／9　疾駆《しっく》／10　失念

が、国民にわかるのか、と述べた、ということがあったのです。国立国語研究所の「外来語」委員会は『外来語言い換え手引き』（二〇〇六年初版、二〇〇七年三版、ぎょうせい）という本を出版していますが、その本によれば、「バックオフィス」は「事務管理部門」、「インキュベーター」は「起業支援《しえん》機関」、「アウトソーシング」は「外部委《い》託《たく》」という「言い換え」が提案されています。

語彙力を鍛えましょう、という本の中には、「カタカナ語」も覚えましょうというものがあります。でも、右のような「動き」があることを考え併《あわ》せれば、「カタカナ語」はほどほどに知って、ほどほどに使えばよさそうです。だから、ここで、「カタカナ語」が使えるようになりましょう」というわけではありません。そうではなくて、すでに使っている「カタカナ語」を他の語で置き換えるということをやってみることによって、「語彙」についての意識を高めていこう、ということを提案します。次の「カタカナ語」を他の語で置き換えてみましょう。採りあげた外来語は、国立国語研究所の調査で、国民全体の理解率が八十パーセント以上だった三十二語から選びました。つまりこれらの外来語は定着していることになります。答えは44頁。

1　ルール（rule）
2　ボランティア（volunteer）
3　リサイクル（recycle）
4　リストラ（restructuring）
5　プライバシー（privacy）
6　トラブル（trouble）
7　ストレス（stress）
8　サポート（support）

9 イベント（event）
10 メリット（merit）
11 プライド（pride）
12 コレクション（collection）
13 サンプル（sample）
14 レクリエーション（recreation）
15 キャンセル（cancel）

右の1～15をみてみると、和語や漢語で置き換えができそうな語が多いようにみえます。それは、外来語（カタカナ語）と、和語・漢語との「ひも付け」がしっかりとできているということでしょう。だから、理解率が高いのだと思います。その一方で、2の「ボランティア」は一語で和語や漢語に置き換えることができそうもありません。それは、和語や漢語と語義の重なり合いがあまりない、ということです。こういう語は、置き換えができないのだから、外来語（カタカナ語）をそのまま使わざるをえないことになります。定着していると思われる外来語（カタカナ語）は、「和語・漢語としっかりと「ひも付け」されている語」と「和語・漢語と「ひも付け」することが難しい語」と、両方あるということです。

さて、1の「ルール」、8の「サポート」、11の「プライド」は和語にも漢語にも、結びついている語がありそうです。ほぼ同じ語義の和語・漢語・外来語が存在する、となると、「じゃあどう使い分ける？」ということになります。

本書では、いわゆる「単語」一つ一つを「語」と呼びます。その「語」を「何らかの観点に基《もと》づいて集めて集合をつくった」ものが「語彙」です。「語」あるいは「語彙」を日常の言語生活の中でうまく使う力を「語彙力」と呼ぶことにしましょう。「語彙力」は「語を動かし、使う力」です。「動かす」ためには、「こういう感じで動かせばいいんだな」という「感覚」が必要です。つまり、「語彙力」を増強しようとしている人に、自覚が必要だということです。その自覚の最初には、「語彙ってこういうものなんだ」という「感覚」があるのがいいのです。右の「ほぼ同じ語義の和語・漢語・外来語がある場合、どう使い分ける？」という疑問を使って、「語彙ってこういうものなんだ」と

41－42頁の答え
1　規則・おきて／2　自発的に無償《むしょう》で社会事業に奉仕《ほうし》する人
3　資源を回収して再生、利用すること／4　企業再構築《きぎょう》・整理解雇《かいこ》
5　個人の私生活にかかわることがら／6　いざこざ・もめごと
7　肉体的、精神的な負担／8　支援・手助け／9　催《もよお》し物／10　利点・長所
11　自尊心・誇《ほこ》り／12　集めること・集めた物・収集（品）／13　見本
14　（仕事のあいまに楽しむ）娯楽《ごらく》／15　（予約や約束の）取り消し・解約

いう「感覚」をつける練習をしてみましょう。
新しく農業を始めるためには、地域の人たちの□が必要です。
という文があったとします。右の□に「手助け・支援・サポート」のどれを入れ

おきて
ルール
私は自発的に無償で社会事業に奉仕する人
私はボランティア

ますか?という質問をされたら、どれを選びますか。国立国語研究所で行なった調査によれば、友達同士で話す場面では二十歳代・三十歳代の半数ちかくの人が「サポート」を選んだそうです。四十歳代でも四十パーセントの人が「サポート」を選んでいますが、それが五十歳代では三十一パーセント、六十歳代では二十二・一パーセント、七十歳以上では十一・八パーセントと、どんどん外来語「サポート」を使う率が下がっていきます。それと呼応するように、四十歳代では、三十一・一パーセントの人が使うと答えた和語「手助け」は五十歳代では三十八・六パーセント、六十歳代では四十六・七パーセント、七十歳以上では五十七・〇パーセントと、和語「手助け」を使う率がどんどん上がっていきます。漢語「シエン(支援)」は十五〜十九歳が十八・二パーセント、二十歳代が十五・三パーセントとやや低い率を示していますが、あとの世代は二十〜三十パーセントの間で、世代による違いがあまりみられません。

また、国立国語研究所では「友達同士で話すとき」「大勢の人の前で話すとき」「初めて会うお年寄りに話すとき」に「サポート」「支援」「手助け」のどれを使うかという調査もしています。その結果では、大勢の人の前で話す場合には、「シエン(支援)」を選ぶと答えた人が四十七・一パーセント、初対面のお年寄りに話す場合には「手助け」を選ぶと答えた人が八十一・六パーセントで、はっきりとした「傾向《けいこう》」があることがわかります。大勢の人の前で話すというのは、改まった場面ということでしょう。

このように、「はなしことば」であれば、誰《だれ》に対して使うか、どんな場面で使うか、といったことで、語の選択《せんたく》が自然に変わります。そしてまた、相手や場面によって、語の選択を自然に変えることができるということも「語彙力」に含まれています。いくら難しい語をたくさん覚えたとしても、それをどのように使えばいいかがわかっていなければ、「宝の持ち腐《ぐさ》れ」です。次の1〜3は実際の新聞記事です。□には「誇り」「自尊心」「プライド」のどれが入っていたでしょうか。答えは50頁。

1　平成の大合併《がっぺい》で町名は消えたが、いまも交通の要所として重要な役割を担う山口市小郡《おごおり》地区に住む人たちは、その名に強い愛着と□を持っている。（二〇一七年五月二十八日『朝日新聞』山口版）

2　一方、ここで働き自信を取り戻《もど》した十一人が、レンタルドレス店やパン店などに就職していった。光枝《みつえ》さんは「仕事を任され、評価されることで、自立心や［　　］が生まれる。それを引き出すのが、私たちの役割だと思っています」（二〇一七年一月四日『朝日新聞』）

3　イムホフは受賞あいさつで、「私の作品は未来や多様な権利、ジェンダーにとらわれない自由、女性としての［　　］を表している」とした。（二〇一七年五月三十日『朝日新聞』夕刊）

2は「自立心や」に続くので、自然に「自尊心」を選ぶことができそうです。「自尊心」の「自」がある程度効いているようですね。つまり「自分を大事にする気持ち」が「自尊心」で、その「自分」ということが含まれていなければ「自尊心」は使えない。だから1には「自尊心」は入らない。3も「女性としての」に続くのだから、自分一人ということではないので、ここにも「自尊心」は入らない。1は「強い愛着と」

に続くのだから、「AとB」のAにすでに漢語「アイチャク（愛着）」が使われている。そうなると、漢語「アイチャク（愛着）」と同じくらいの「重さ」の語でないと釣《つ》り合わないことになります。和語「ホコリ」と外来語「プライド」であれば、やはりここは外来語「プライド」でしょう。3には「プライド」も入りそうですが、この文では「ホコリ」が選択されたということでしょうか。

このように、文で使う語は、他の語との「兼《か》ね合い」で決まります。記憶している語の数を増やすなら、暗記すればいいでしょう。しかしそれを実際に使うところまでもっていくためには、まずは「しかるべき所に格納」＝「語彙としてうけとめる」ことが必要になります。そして「語彙力」となれば、「格納」されている「語彙」を場面に応じて「すっとひきだす」ことができなくてはいけません。「場面に応じて」には文を構成している他の語との「兼ね合い」も含まれています。いわば「調子」が整っていなければおかしいのです。文を構成する語同士の「調子」がきちんと整っているかは、ふだんから気にしていなければすぐにはわかるようにならないでしょう。暗記で解決できないことはたくさんありそうです。

47－48頁の答え

1　プライド／2　自尊心／3　誇り

さて、どうでしょうか。第1章では、語、語彙、語彙力とはどういうことだろう？という問いをたてて、いろいろな面から説明してみました。ちょっと説明が長いぞ、と思った方もいるかもしれません。しかし、途中《とちゅう》でも述べましたが、「急がば回れ」です。なにしろ、十四歳から大人まで、ずっと語彙力をつけていくという壮大《そうだい》な話です。理屈《りくつ》がわかっていないと、やっていけません。次の章からは、もう少し具体的に語彙を豊かにし、語彙力を増強するということをやってみましょう。

第2章

ゆかいに
語彙力を身につける
[初級編]

WORLDLY WISDOM
FOR 14 YEARS OLD

同じ仲間の語に注目してみよう――類義語

「類義語」とは改めていうまでもなく、「語義が似ている語」のことです。次の文章は夏目《なつめ》漱石《そうせき》の「坊《ぼ》っちゃん」の一部分です。現代仮名遣《かなづか》いに整えて示します。漢字には必要に応じて振仮名《ふりがな》を付けました。

「当り前だ。居てくれと手を合せたって、居るものか。一体そんな云《い》い懸《が》かりを云う様《よう》な所へ周旋《しゅうせん》する君からしてが不埒《ふらち》だ」

さて、「小学上級から」読めることをうたう青い鳥文庫の『坊っちゃん』（二〇〇七年、講談社）ではこの箇所《かしょ》が「あたりまえだ。いてくれと手をあわせたって、いるものか。いったい、そんないいがかりをいうようなところへ、せわするきみからしてが、ふらちだ」となっています。また「小学中級から」読めることをうたう、みらい文庫の『坊っちゃん』（二〇一一年、集英社）ではこの箇所が「あたりまえだ。いてくれと手を合《あ》わせたって、いるものか。いったいそんないいがかりをつけるようなところへ、紹介《しょうかい》するきみからしてけしからん」となっています。

もともと使われていた漢語「シュウセン（周旋）」と「フラチ（不埒）」とが、「小学中級から」読めるみらい文庫では、「紹介」「けしからん」、「小学上級から」読める青い鳥文庫では「せわ」「ふらち」となっています。「小学上級」で「フラチ（不埒）」の語義はわかるでしょうか。少し心配ですが、右のことからすれば、書き換《か》えることができたのですから、「シュウセン（周旋）」と「セワ（世話）」「ショウカイ（紹介）」とは語義が似ている、すなわち類義語であることになります。そして「フラチ（不埒）」と「ケシカラン」とが類義語ということになります。

右の文章を書く時に、夏目漱石が「シュウセン（周旋）スル」という語を使おうか、「ショウカイ（紹介）スル」という語を使おうか、と迷ったかどうかはわかりません。しかし、文を書こうとする時に、この語を使うか、こちらの語を使うか、ということを迷った経験は誰《だれ》にでもあるでしょう。複数ある類義語のどれを使うかということを迷うことがありそうです。脳の中の辞書＝心的辞書には、類義語は隣《とな》り合わせになって、「格納」されていそうです。あることを表現しようとする時には、その「格納庫」から幾《いく》つかの類義語をとりだしてきて、どれにしようかを考えるのです。あまり迷うのも困りますが、候補となる語はある程度あったほうがいいはずです。

今の「手持ちの語」の周囲に、その語の類義語を幾つか置いておくだけで、表現の幅《はば》は少し広がるはずです。ここでは類義語を使って、語彙《ごい》を豊かにしてみましょう。ただし、「ボー暗記」はだめです。類義語同士の語義の差をちゃんと確認《かくにん》して「格納」してください。そうしないと、「すっととりだす」ことができません。クイズ形式でいきましょうか。次の1〜10の各語の類義語をa〜jから選んで結びつけてみましょう。

1　プラン（plan）　　　　　a　流浪《るろう》
2　ブランク（blank）　　　b　地位・部署
3　プロフィール（profile）　c　没入《ぼつにゅう》
4　ディフェンス（defense）　d　計画・企画《きかく》

5　ポスト（post）
6　ホウロウ（放浪）
7　ボットウ（没頭）
8　フナデ（船出）
9　ホネグミ（骨組み）
10　ホマレ（誉）

e　空白・空欄《くうらん》
f　栄誉《えいよ》・名誉
g　骨格
h　横顔
i　出帆《しゅっぱん》・出船
j　防御《ぼうぎょ》

どうですか。「簡単だ」と思われたでしょうか。答えは56頁にあります。さて、まったく同じ語義をもった語は存在しないと筆者は考えます。まったく同じ語義をもった語が二つある必要はないからです。「ことばの世界」で存在し続けるためには、何か「役割」をもたないといけません。ちかい語義をもった語が存在するのであれば、「その語との違《ちが》い」をアピールする必要があります。次には、類義語同士を比べて、その違いを確認してみましょう。その違いによって、「格納」する場所が少しずつ異なるわけです。

２の「ブランク」をとりあげてみましょうか。『岩波国語辞典』第七版新版（二〇一

54-55頁の答え
1 d／2 e／3 h／4 j／5 b／6 a／7 c／8 i
9 g／10 f

一年）には次のように記されています。

ブランク　空白。また、空欄。

くうはく［空白］紙面などの何も書いていない部分。転じて、むなしく何もないこと。「戦時中の—を埋《う》める」

くうらん［空欄］書類などで、文字や記号を書き込《こ》むようにあけてある欄。「—をうめる」

もう一つ別の辞書『明鏡国語辞典』第二版（二〇一〇年、大修館書店）を調べてみましょう。

ブランク［blank］［名］①空白の部分。余白。空欄。②空白の期間。仕事・経験などが途切《とぎ》れている期間。「歌手生活に三年の―がある」

くうはく［空白］［名］①書き込むべき紙面に何も書いてないこと。また、その部分。「記事の―をカットで埋める」②［形動］継続《けいぞく》しているものの一部分が欠けて何もないこと。また、その部分。「当時の記憶《きおく》には―がある」「―の一年」

くうらん［空欄］［名］何も書いてない空白の欄。「―に住所氏名を記す」

「クウラン（空欄）」は『明鏡国語辞典』の語釈《ごしゃく》にあるように、「空白にしてある／なっている欄」でしょうから、そう考えると、「クウハク（空白）」と「クウラン（空欄）」とは類義語とはいいにくいでしょう。「ブランク」の語釈に「クウハク（空白）」と「クウラン（空欄）」とが置かれているのは、英語「blank」がどちらの語義でも使われるということと考えるのがよさそうです。

「ブランク」は『明鏡国語辞典』の②の語義で使われることが多くなっています。例えば、次の文章は二〇一七年五月八日の『朝日新聞』夕刊の記事です。

伊達《だて》は昨年1月の全豪《ぜんごう》オープン予選後に左ひざ半月板の内視鏡手術を受けるなど約1年4カ月のブランクを経て、3日の岐阜《ぎふ》でのツアー下部大会で公式戦復帰を果たしていた。

右の「ブランク」は（「クウラン（空欄）」と置き換えられないことはすぐにわかると思いますが）「クウハク（空白）」とも置き換えにくいように思います。外来語「ブランク」は日本語で説明するならば、「クウハク（空白）」「クウラン（空欄）」です。しかし、どちらにも置き換えられない「ブランク」もあるようです。なぜ置き換えられないかを説明することは案外と難しいかもしれません。ここでは、類義語同士を比べると、そこにわずかでも違いがある、ということに注意しておきましょう。その「違い」を感じる「語感」を養うことも大切です。

次に7の「ボットウ（没頭）」と「ボツニュウ（没入）」をとりあげてみましょう。違う辞書を使ってみましょう。『三省堂国語辞典』第七版には次のように記されています。

ぼっとう［没頭］（名・自サ）ほかのことは見向きもせず、一つのことに熱中すること。「研究に―する」

ぼつにゅう［没入］（名・自サ）［文］中にすっかり〈はいりこむ／はいって自分を忘れる〉こと。「読書に―する」

もう一つ『集英社国語辞典』第三版を調べてみましょう。

ぼっとう［没頭］［名・自スル］一つの事に熱中すること。没入。「実験に―する」

ぼつにゅう［没入］［名・自スル］［文章］①落ち込むこと。沈《しず》むこと。②一つの事に熱中すること。没頭。「研究に―する」

二つの辞書はともに、「ボツニュウ（没入）」を文章で使う語とみています。『集英社国語辞典』は「ボットウ（没頭）」と「ボツニュウ（没入）」の②に同じ語釈を置いているので、二つの語は語義は同じだけれども、「ボツニュウ（没入）」は「かきことば」のみで使うとみているのでしょう。つまり使う場面が違うということです。そしておもしろいことに、『三省堂国語辞典』では「研究に没頭する」「読書に没入する」という使用例をあげているのに対して、『集英社国語辞典』では「実験に没頭する」「研究に没入する」という使用例をあげています。研究に熱中している時には「ボットウ（没頭）」を使えばいいのでしょうか、「ボツニュウ（没入）」を使えばいいのでしょうか。『集英社国語辞典』流に考えれば、「かきことば」だったら「ボツニュウ（没入）」だ、ということになります。ということは、そもそも二つの語の語義はほとんど変わらないということです。二つの辞書のあげている使用例が入れ替《か》わっていることもそういうことを示唆《しさ》しているのでしょう。『三省堂国語辞典』は「ボツニュウ（没入）」の「入」を意識した語釈を書いているようにみえます。たしかに、「没入」という漢字列をみると、〈入り込む〉と思いたくなります。しかし「一つの事に熱中する」というのは、その熱中してい

読書に没頭する

読書に没入する

る対象に〈入り込む〉ということではないでしょうか。そうだとすれば、「入」にこだわる必要はないかもしれません。「ボットウ（没頭）」と「ボツニュウ（没入）」とは語義がかなりちかそうです。というよりも、日本語で二つの語義の違いを説明することができないのかもしれません。

二つの語が新聞でどのくらい使われているかを、『朝日新聞』のデータベースを使って調べてみました。すると、一九八四年の記事から現在の記事までの間で、「ボットウ（没頭）」が六七一六件、「ボツニュウ（没入）」が五二二件使われていました（二〇一七年六月現在）。ずいぶん差があります。もしかしたら、「ボットウ（没頭）」と「ボツニュウ（没入）」は語義がちかすぎて、あるいは違いを打ち出せなくて、「ボツニュウ（没入）」が消えていく道筋に入っているかもしれないな、と思います。

類義語と推敲《すいこう》

文を書いたら「推敲」をしなさいと言われたことがあると思います。「スイコウ（推敲〉」は〈文章の字句を練り直すこと〉ですから、まずは使った語がこれでよかったかということを検討することが大事です。

宮沢賢治《みやざわけんじ》『銀河鉄道の夜』の四「ケンタウル祭の夜」は「ジョバンニは、口笛を吹《ふ》いているようなさびしい口付きで、檜《ひのき》のまっ黒にならんだ町の坂を下りて来たのでした」という一文で始まります。宮沢賢治の書いた文を勝手に変えるのは大作家に失礼ですが、「推敲」、「類義語」ということを説明するために、あえてやってみましょう。

「口笛を吹いているようなさびしい口付き」はちょっと変わった、工夫《くふう》された表現のように感じます。口笛を吹く時には、少し口をとがらせたような「口付き」をすると思います。「口笛を吹いているような口付き」だと、そうした口の形だけを表現していることになります。しかし、それが「さびしい」という。少し口をとがらせたような「口付き」は、何か不満があって、それを訴《うった》えようとしている時の「口付き」のようでもあります。そういう内面の不満、さびしさを表している「口付き」でもありそうです。そしてまた、楽しい時にも口笛を吹きますが、ちょっとさびしい時、元気を出そうとする時にも口笛を吹くのではないでしょうか。「こんなこと、へっちゃらだい」という気分で吹く口笛もありそうです。そうしたさびしさも含《ふく》めて、「さびしい口付き」と表現したように感じます。そうだとすると、この「さびしい」はいくつもの「さびしい」が合わさったもので、この語以外に、ここに使える語はなさそうです。しかしあえて別の語を入れてみましょう。

1　口笛を吹いているような　弱々しい　口付き
2　口笛を吹いているような　わびしい　口付き
3　口笛を吹いているような　ほっそりとした　口付き
4　口笛を吹いているような　ひっそりとした　口付き
5　口笛を吹いているような　心細そうな　口付き

やっぱりもとの表現がよさそうですが、置き換えることができる語があるんだ、ということはわかっていただけたかと思います。そして置き換えることができる語（句）同士は広い意味合いで「類義語」といっていいでしょう。

俳人の金子兜太《とうた》は『いま、兜太は』（二〇一六年、岩波書店）の中で、句集『蜿蜿《えんえん》』に収められている自身の俳句「鶴《つる》の本読むヒマラヤ杉《すぎ》にシャツを干し」について次のように述べています。

　ある日、こんなしゃれた気分の時間を過ごしていた。たしか北海道は釧路《くしろ》の若い友人から、鶴の写真集が送られてきて、シャツを干した庭に面した縁側《えんがわ》で、ゆっくりと楽しんでいたときにできた句。「ヒマラヤ杉」は虚構《フイクシヨン》。写真集を見ているうちにそんな気分になったのである。

「ヒマラヤ杉」が「虚構《フイクシヨン》」だとすると、金子兜太は「鶴の本読む□にシャツを干し」の□にどんな語を入れようかと考えたことになりますね。もしかしたら「鶴の本読むメタセコイアにシャツを干し」とか「鶴の本読む白樺《しらかば》の木にシャツを干し」とかが候補になったかもしれません。金子兜太だったら、「鶴の本読む風倒木《ふうとうぼく》にシャツを干し」というような句も考えたかもしれないな、などと想像すると楽しいですね。「名作のオレ流書き換え」は語彙力を鍛《きた》えるのにいい方法だと思います。これについては第4章で本格的にやってみましょう。

対《つい》になる語に注目してみよう——対義語

「対義語」は「対語（たいご／ついご）」ともいいますが、ある語と語義が反対になる「反対語／反意語」と、ある語と「対」になる語との両方をさします。「アツイ（暑）」と「サムイ（寒）」とは「反対語／反意語」で、「シロイ（白）」と「クロイ（黒）」とは対になっている語です。

語を適切に使うということが語彙力を鍛えるということに含まれています。いや、含まれるというよりは、それがすべてかもしれません。繰《く》り返しになりますが、語をたくさん記憶しているだけでは、「語彙力がある」ということにはなりません。手持ちの語が乏《とぼ》しいのは困るので、まずは手持ちの語を増やす必要はあります。しかし、その次には、手持ちの語を適切に使うということが大事です。適切に使うということは、四字熟語でいえば、「適材適所」ということです。適切な語を適切なところで使う。「ところ」はもっとも具体的には一つの文の中で、適切な位置ということです。そして「ところ」はふさわしい場面で、ふさわしい相手に、ということでもあります。この語をここで使っていいかな、ということを判断したり、この語の語義はどうだろう、ということを考えたりする時に、その語の「対義語」を考えると、その語の位置が定まるということがあります。AとBとが対義語である時、Aの語義がよくわかっていなくても、Bの語義がしっかりとわかっているのであれば、そのBの語義を手がかりにして、Aの語義を考えることができそうです。なにしろ、「対義」なんですから。

貴重な本や雑誌は閲覧《えつらん》にとどめ、館外利用を認めないのが通例だ。だが、貸し出したものについては返却《へんきゃく》時に点検の機会があるが、自由閲覧後、開架《かいか》式の棚《たな》に戻《もど》されたらチェックは後回しになる。異状に気づくのが遅《おく》れ、結果として大切な本が適切に扱《あつか》われてこなかった。（二〇一七年六月三日『朝日新聞』）

右の記事には「大切な本が適切に扱われてこなかった」という表現があります。「テキセツ（適切）」の対義語は「フテキセツ（不適切）」だから、右の表現を「大切な本が不適切に扱われてきた」と変えても意味は変わらないはずです。「適切に扱わない」と「不適切に扱う」はたしかに形の上では同じ意味になりそうです。しかし、そのようにいかないのが、言語の難しさでもあり、おもしろさでもあると思います。

筆者の感覚では、「適切に扱われてこなかった」と「不適切に扱われた」とは「いいたいこと／伝えたいこと」が少し違うように感じます。わかりやすく説明するために、「強い／弱い」という表現を使うとすれば、「不適切に扱われた」は「不適切」の度合いが強く感じます。〈してはいけないことが明らかに行なわれた〉というのが「不適切に扱われた」です。それに対して、「適切に扱われてこなかった」は〈本当はこうすべきだったが、それがきちんとはたされていなかった〉ということで、「不適切さ」の指摘《してき》というよりは、残念な気持ち、これからはこのようなことを避《さ》けなければという気持ちの表明に感じます。この「気持ち」は文章の「書き手」の「気持ち」だと思います。

新聞の記事は、客観的に、記者の気持ちなど入れないように書くのが鉄則では？と思われた方もいるでしょう。基本的にはそうだと思いますが、そうはいっても、文には「話し手」「書き手」が必ずいます。文は人間が発信するものです。だから、「話し手」や「書き手」が文から消えて「ゼロ」になることはなかなかないと思います。「なかなかない」ではなくて、絶対にどこかにいる、といったほうがいいかもしれません。「視点」のない文などあるはずがなく、必ずどこかに「視点」があります。「視点」があるということは見ている人がいるということです。学校では「客観的に」ということを教えるでしょう。それはそれでいいのですが、「でも人間が発信しているんだ」ということは早い時期におさえておいたほうがいいようにも思います。「人間が発信している」ということを意識することによって、「読み」はずいぶんと深く、丁寧《ていねい》になるはずです。

さて別の語を使って、もう少し考えを進めてみましょう。「ビンカン（敏感）」と「ドンカン（鈍感）」にしましょうか。

1　コハダは魚の中で音に敏感だといわれている。

2　コハダは魚の中で音に鈍感ではないといわれている。

3　コハダは魚の中で音に敏感ではないといわれている。
4　コハダは魚の中で音に鈍感だといわれている。

1と4とが「正反対」の意味になっていることはすぐにわかりますね。では2と3は、どちらが「敏感」だと思いますか。「鈍感ではない」＝「敏感だ」、「敏感ではない」＝「鈍感だ」と考えれば、「敏感」の度合いは1から4に向かって、下がっていくことになります。「鈍感ではない」という表現は「敏感だ」というほど敏感ではないということをあらわしているように感じませんか。それに対して、3の「敏感ではない」は「鈍感だ」ということを避けているように感じないでしょうか。右の文の場合は、魚のコハダについてのことですが、これが知っている人に対しての発言だった場合、何かについて「鈍感だ」というのはちょっとためらわれることでしょう。そんな時にストレートに「鈍感だ」というのではなく、いわば裏側から「敏感ではない」ということによって、「鈍感だ」という表現の強さを緩和《かんわ》するということです。対義語とその否定形をうまく使うことによって表現の幅が広くなったのではないでしょうか。これが「語彙力を鍛える」ということだと思います。

大人っぽい表現を考えてみよう——文章語

「現時点において省《かえり》みると、さらに調査をする必要がある状況《じょうきょう》に立ち至ることを見通せず、道民の疑惑《ぎわく》を増幅《ぞうふく》させ、警察に対する信頼《しんらい》を低下させた。道議会と道民の方々に深くおわび申し上げる」（二〇〇四年三月二日『朝日新聞』北海道版）

右は北海道でのことで、北海道警察の警察本部長のことばとして記事になっています。
『三省堂国語辞典』で「タチイタル」を調べてみると、次のように記されています。

たちいたる［立ち至る］（自五）［文］［重大な事態に］なる。［重々しい言い方］「最悪の事態に——」

「文」は「文章語」のマークです。「さらに調査をする必要がある状況になることを見通せず」でも文の意味はほとんど変わらないと思いますが、お詫《わ》びのことばとしての「重さ」が必要だったためでしょう。右では「タチイタル」という語が使われています。同じように、「道民の疑惑を増幅させ、警察に対する信頼を低下させた」を「道民の疑惑を増させ、警察に対する信頼を下げてしまった」ということもできそうですが、「増幅させ」と「増させ」、「低下させた」と「下げてしまった」とでは、漢語を使った「増幅させ」「低下させた」のほうが「重々しい言いかた」に感じます。「軽く」表現したほうがいい場合もあるでしょうし、「重々しい言いかた」をする必要がある場合もあります。これも「場面」です。そうしたことをひっくるめて「大人っぽい表現」と呼ぶことにしましょう。じゃあ「大人っぽい表現」じゃなければ「子供っぽい表現」というのがあるの？と思いますよね。さっそく対義が思い浮《う》かんだわけで、たのもしいですね。ただ、ここではそういうことではなく、標準的な表現に対して、少し重みのある言いかた、少し改まった言いかた、ぐらいの意味合いで「大人っぽい表現」を考えてみたいと思います。

綿実油は普通《ふつう》の食用油に比べて油くささがなく、胃にもたれにくい。プロの料理人には人気だが、家庭への認知度はいま一つなのが悩《なや》みだった。

解決の糸口として思いついたのが、天ぷらの消費拡大だ。（二〇一七年五月二十五日『朝日新聞』大阪《おおさか》市内版）

辞書で「タンチョ／タンショ（端緒）」を調べると、「糸口」と説明されていることが多くあります。「イトグチ」と「タンチョ／タンショ（端緒）」とを比べると、漢語である「タンチョ／タンショ（端緒）」のほうが「大人っぽい表現」に感じると思います。

では、右の「解決の糸口として思いついた」の「糸口」を「端緒」に入れ換えて「解決の端緒として思いついた」としてみましょう。どう感じますか。「うん。いいんじゃない」と思われた方もいると思います。一方、「ちょっと重すぎじゃないかな」と思った方もいるのではないでしょうか。「解決の糸口」は筆者の語感では、不自然なところがありません。ということは、和語「イトグチ」は漢語「カイケツ（解決）」と並べて使ってもおかしくないぐらいの「重さ」をもっているということでしょう。「イトグチ」と「端緒」では「端緒」のほうが「重い」とすれば、そこで「重すぎ」となるわけです。一つの文の中で使う語の「重さ」のバランスは大事です。一語だけ「重い」語を使うと、そこだけがぴかぴかしてしまって、全体がちぐはぐな感じの文になってしまいます。今ここでは「重さ」という表現を使って、語のもつある「感じ」を表現しようとしています。「重さ」は場合によっては「固さ」という表現がふさわしいかもしれません。とにかく、「重さ／固さ」の度合いに敏感であることが大事です。

1　円覚寺の裏山には竹林があります。五月ぐらいになるとそこにタケノコがにょきにょきと生えてきます。この前、そこにタケノコを採りに行きました。

2　円覚寺の裏山には竹林があって、五月ぐらいにはタケノコが生えている。

漢字列「竹林」は和語「タケバヤシ」、漢語「チクリン」どちらも書くことができます。ですから、振仮名がないと「竹林」はどちらを書いたものかわかりません。しかし、

1はなんとなくですが、「タケバヤシ」で、2は「チクリン」かなと思った方がいると思います。そういうようなつもりで書いてみました。もちろん2は「タケバヤシ」であってもかまいません。

先ほどの「重さ／固さ」という表現をここでも使うことにすれば、和語は漢語と比べると、どちらかといえば「軽め」で「やわらかめ」で「はなしことば」的、漢語は和語と比べると、どちらかといえば「重め」で「固め」で「かきことば」的、といえそうです。少しあらっぽいかもしれませんが、和語と漢語とのペアを示してみましょう。

なかだち　仲介《ちゅうかい》
まごころ　衷心《ちゅうしん》
ためらい　躊躇《ちゅうちょ》
きざし　兆候
あざけり　嘲笑《ちょうしょう》
みはらし　眺望《ちょうぼう》・展望

おわび　陳謝《ちんしゃ》
なすりつける　転嫁《てんか》する
かわりめ　転機
うまれつき　天性

こういうようなかたちで「心的辞書」に語が「格納」されていれば、場面に応じて語を「すっと選ぶ」ことができそうです。

同音異義語に注目してみよう

ある語と同じ発音で異なる語義をもつ語がその語の同音異義語です。ですから、「トラフ（虎斑）」＝〈虎《とら》のような模様〉と「トラフ（trough）」＝〈細長くのびる海底盆《ぼん》地《ち》〉も同音異義語ですし、「トリコ（取り粉）」＝〈モチなどの表面につけて扱いやすくするための米の粉〉と「トリコ（虜）」＝〈捕《ほ》虜《りよ》〉も同音異義語ですが、ここでは漢語

なかだち
仲介
まごころ
衷心
きざし
兆候
うまれつき
天性

の同音異義語について注目してみようと思います。

同音異義語も、小学校から学習することがらですね。主に使いかたの違い、どういう時にどの語を使うか、ということを学習すると思います。例えば「タイショウ」と発音する三つの漢語について、左に示したような例文とともに使いかたや語義の違いを学ぶというようなことをしたことがあるでしょう。

1　これは中学生を対象とした学習参考書だ。
2　英語の原文と翻訳《ほんやく》した日本語の文とを対照する。
3　「人」という漢字は左右が対称の形をしている。

冷静に考えれば、「左右対称」の「タイショウ（対称）」と1の「対象」、2の「対照」とはだいぶ語義が違いますね。これを間違うことはあまりないような気がします。たまたま（日本語での）発音が同じというだけで、この三つを一緒《いっしょ》にして考える必要はあまりなさそうです。しかし「追及《ついきゅう》」「追求」「追究」ではどうでしょうか。

4　沖縄《おきなわ》の海をモチーフにして、ガラスと陶器《とうき》とを融合《ゆうごう》させた作品をツイキュウする陶芸家に出会った。

5　岸田《きしだ》劉生《りゅうせい》は写実的な描写《びょうしゃ》を徹底的《てっていてき》にツイキュウすることで、形がもつ「本質」のようなものを捉《とら》えようとしていたという意見がある。

6　サーフボードは決まった形がなく、サーファーの体格や海の状態に応じて、理想の形をどこまでもツイキュウすることができる。

7　ウイスキーのさらなる味のツイキュウをめざして、最新の設備を備えた貯蔵所を作った。

8　自然と共生する暮らしをツイキュウしてきた市民団体の活動を記録した本が出版された。

9　いくら工場が利益を上げるといっても、周辺住民の健康を害してまでの利益ツイキュウは許されることではない。

10　「花鳥風月」をテーマに独自のステンドグラスの世界をツイキュウしている川島政《かわしままさ》

則《のり》さんの作品展。（二〇一七年六月一日『朝日新聞』熊本全県版《くまもと》）

11　真実ではないことを大統領が言う時、メディアはそのまま受け入れず、真実のツイキュウで対抗《たいこう》すべきです。（二〇一七年五月三十一日『朝日新聞』）

12　このアーティストは、観客に何かを伝えることができる演奏やパフォーマンスをつねにツイキュウしていると感じる。

13　このことについて、責任があった人々をツイキュウする方針を決定した。

「追及」は〈責任や原因などを問いただし、追いつめる〉、「追求」は〈どこまでも追い求める〉で、〈追究〉は〈どこまでも研究する〉と理解すればよさそうです。「追及」は〈追いつめる〉ことなので、使いかたには注意する必要があります。13が「追及」の例です。「Xを追及する」のXには問いただされるようなことが入るわけです。

陶芸作品とか絵画作品とかサーフボードとか、ウイスキーとかステンドグラスとか、アウトプットするものがある場合は、それを研究した成果とみなすことができて、「追究」がふさわしいことになります。右でいえば、4・5・6・7・10・12などがそれにあたりそうです。そうした「アウトプットするもの」がない場合は〈追い求める〉ということで、「追求」がふさわしいことになります。右でいえば、それは８・９・11です。

さて、10は右に示したように、新聞の記事です。その記事では、実は「追求」が使われていました。８は実は新聞の記事をもとにして、筆者がアレンジした文なのですが、もともとの記事では「追究」が使われていました。「自然と共生する暮らし」を研究してきたと考えられないことはありません。そう考えれば「追究」です。しかし、それを追い求めてきたということで「追求」も使えそうに思います。そうなってくると、「じゃあどうすればいいんだ」ということになりますが、やはり基本は〈追い求める〉と〈研究する〉です。場合によっては、両者が接近していて、どちらを使ってもよさそうなことがある、ぐらいに思っておけばいいのではないでしょうか。

ここでおさえておきたいのは、「追求」は〈追い求める〉、「追究」は〈研究する〉とごく簡単にとらえる、その「簡単なとらえかた」です。〈オイモトメル〉に関していえば、「オウ」は「追」の、「モトメル」は「求」の訓です。つまり、「追求」という、漢字二字で書く漢語の語義を、それぞれの漢字の訓を使って理解しているということです。

同じようにするのであれば、「追究」は〈追い究《きわ》める〉ということになります。その理解でもちろんいいのです。しかし、「オイキワメル」があまり使う語ではないので、同じ「究」の字を含んでいる別の漢語「ケンキュウ（研究）」を使って「追究」の語義を理解した、ということです。

同音異義語の語義を覚えて、使いかたを覚えるだけではなく、一歩進んで、漢字の訓、あるいは同じ漢字を使った別の語を考えることによって、さらに語彙力を鍛えることができます。

> 元気な人だ。時に笑い、時にこちらを凝視《ぎょうし》し、時にフンゼンとする。話は止まらない。
> 中身は過激だ。代議制も三権分立ももうだめ。「参加」が大事だが、今ある政治の仕組みに人びとが加わることではない。新たに作ることだ。その主役はあなたたち。（二〇二二年一月四日『朝日新聞』）

大将が左右対称
大

ところが、ぼくは最初あまり熱心じゃなかったんで叱《しか》られた。それでフンゼンと目が覚めました。動物実験もやり、遺体の解剖《かいぼう》もやり、文献《ぶんけん》もたくさん読みましたよ。（二〇一五年二月十九日『朝日新聞』夕刊）

前の「フンゼン」は「憤然《ふんぜん》」、後は「奮然」です。「フンゼン（憤然）」の語義は〈憤慨《がい》するさま〉、「フンゼン（奮然）」の語義は〈奮い立つさま〉と考えればよいでしょう。「憤然」の「憤」は「憤慨」の「憤」、「奮然」の「奮」は「奮い立つ」の「奮」あるいは「興奮」の「奮」でもいいかもしれません。とにかく、そういう風に、同音異義語を構成している漢字の字義の違いに着目することで、使いかたもしっかりとわかるし、そこからまた新たな語を「つかまえにいく」ことができます。

フンヌ（憤怒）　……憤慨して怒《おこ》ること
フンシ（憤死）　……憤慨して死ぬこと
フンゲキ（憤激）……憤慨して激しく怒ること

ヒフン（悲憤）……悲しんで憤慨すること

フンキ（奮起）……奮い立つこと

フンセン（奮戦）……奮い戦うこと

フントウ（奮闘）……奮い闘《たたか》うこと

コウフン（興奮）……気持ちが奮い高まること

こういうやりかたを身につければ、自分がよくわかっている語を起点として、次々に新しい語を獲得《かくとく》することができそうです。やはり「ボー暗記」ではなく、「やりかた」を理解し、それを身につけることが大事です。同音異義語に注目し、さらに漢字の字義に注目するということを考えてみました。漢字の字義から手持ちの語を増やしていく方法をもう少し考えてみましょう。

漢字の字義に注目する

「憤」の字の字義を漢語「フンガイ（憤慨）」でおさえると、幾つかの漢語の語義がわかるということを先に述べました。これと同じようなことはたくさんあります。例えば「詳《しょう》」の字の字義は〈くわしい〉ですが、思い切ってこれを〈詳細〉とみることにしましょう。そうすると次のように考えることができるでしょう。「詳」は〈詳細〉あるいは〈くわしい〉とおさえておけば、「詳」を含んでいる漢語に対応できそうです。

ショウカイ（詳解）……詳細な解釈《かいしゃく》・解説↔略解
ショウジュツ（詳述）……詳細に述べること↔略述
ショウセツ（詳説）……詳細な説明↔概説《がいせつ》・略説
ショウホウ（詳報）……詳細な報告
ショウロン（詳論）……詳細に論じること↔概論

「徒」には幾つかの字義があります。〈むだな・いたずらに〉〈なかま・党〉の二つを考えることにしましょう。

トロウ（徒労）……むだな骨折り、むだに労力を使うこと
トショク（徒食）……仕事をしないでむだに食事だけしていること
トチョウ（徒長）……むだに長くなること、むだに伸《の》びること
トゼン（徒然）……することがないこと
トトウ（徒党）……なかま
ガクト（学徒）……学問をする学生・生徒
ギャクト（逆徒）……反逆した者ども
ボウト（暴徒）……暴動を起こした者ども

「ガクト（学徒）」「ギャクト（逆徒）」「ボウト（暴徒）」では〈学生・生徒〉〈者ども〉

が「徒」ということになります。

A＋A＝A？

数学であれば、AとAとを足したら、2Aになるはずです。しかし、ことばではそうはならないことがあります。例えば、常用漢字表には「欺《ぎ》」という字も「詐《さ》」という字も載《の》せられています。「欺」の字には「あざむく」という訓が認められていますが、「詐」の字には訓が認められていません。この二つの漢字を使って「サギ（詐欺）」という語を作ることができます。「サギ（詐欺）」の語義がわからない人はいないかもしれません。「オレオレ詐欺」という、ちょっと変な語もあって、よく耳にします。辞書を調べると、〈自分の利益のために、嘘《うそ》をついて他の人をだますこと〉というような説明がされていますが、もっと簡単にいうとすれば、「サギ（詐欺）」の語義は〈あざむくこと〉といってもいいでしょう。実は「詐」にも〈あざむく・だます〉という字義がありま す。「詐欺」の「詐」に〈あざむく〉という字義があり、「欺」にも〈あざむく〉という字義があるのですから、「サギ（詐欺）」全体は〈あざむく＋あざむく＝あざむく〉ということになります。これが「Ａ＋Ａ＝Ａ」です。漢語にはこういう成り立ちをしているものが少なくありません。

ゲンシュク（厳粛）　おごそか＋おごそか＝おごそか
サクゴ（錯誤）　あやまる＋あやまる＝あやまる
シット（嫉妬）　ねたむ＋ねたむ＝ねたむ
シャダン（遮断）　たちきる＋たちきる＝たちきる
シャメン（赦免）　ゆるす＋ゆるす＝ゆるす
ジュウナン（柔軟）　やわらか＋やわらか＝やわらか
ジョジュツ（叙述）　のべる＋のべる＝のべる
タイキャク（退却）　しりぞく＋しりぞく＝しりぞく
ホウシュウ（報酬）　むくいる＋むくいる＝むくいる
ルイジ（類似）　にる＋にる＝にる

右のことから、じゃあ〈しりぞく〉という字義で「却」が使われている語は他にないかな？というように、自分で「発展問題」を考えることもできます。「キャッカ（却下）」という語がありますね。「部長はその提案を却下した」というように使うことができます。〈しりぞけること〉が「キャッカ（却下）」ですね。

また、この「Ａ＋Ａ＝Ａ」という「方程式（？）」を知ると、「これはどうなんだろう？」という漢語があることに気づきます。例えば「ザンギャク（残虐）」という語は〈むごたらしくしいたげること〉というような語義です。「ザンギャク（残虐）」の「虐」は「ギャクタイ（虐待）」の「虐」と同じかな？と思った方もいるでしょう。それでいいのです。さて、常用漢字表は「残」には「のこる」「のこす」という二つの訓を認めているだけです。しかし、この「残」の字には〈そこなう・きずつける〉という意味があります。「残」の偏《へん》は「歹」（がつ偏）といって、ちょっと恐《おそ》ろしいですが、肉が削《けず》り取られた、胸から上の骨が残っている形をあらわしていると考えられています。獣《けもの》が獣を食い荒《あ》らすから〈そこなう〉〈むごたらしい〉、そして〈のこる〉という意味をもつようになったと推測されているのです。常用漢字表が「のこる」「のこす」という訓しか認めていないので、「残」の字をそのように理解している人が多いと思いますが、この字が「歹」偏であることに気づけば、そこを端緒にして考えを進めていくことができ、そうして語彙力が増していくこともあるでしょう。「ザンギャク（残虐）」の語義も〈むごい＋むごい＝むごい〉だったということです。

あるいは「イサイ（委細）」はどうでしょう。語義は〈こまごましたこと〉ぐらいだと思います。常用漢字表は「細」に「ほそい」「ほそる」「こまか」「こまかい」という四つの訓を認めています。「委」には「ゆだねる」という訓を認めています。漢語「イサイ（委細）」の語義が〈こまごましたこと〉で、下字「細」に〈こまかい〉という字義があるのならば、上字「委」にも〈こまかい〉という字義があってほしい、と思うわけですが、これがやはりあります。「Ａ＋Ａ＝Ａ」はそういう「もしかして」とか「あれ？」とか、疑問を呼び起こしてくれる「方程式」でもあります。

数えかたに注目する――助数詞

筆者が大学三年生の頃《ころ》のことです。授業中に、友人が「鳥が一個いた」というようなことを言ったところ、授業を担当していた先生が、嘆《なげ》かわしいといった感じで、「あら、鳥も一個っておっしゃるの?」とたずねたことが記憶に残っています。今から三十年以上前のことになりますから、その頃から「若者」はそういう言葉遣《ことばづか》いだったことになりますね。

何が言いたいかといえば、「トリ(鳥)」であれば「一羽《わ》」と数えるということです。これも小学校から話題になることは少なくないでしょう。このように、数をあらわす語の下に付けて、ものの種類や単位を示す接尾語《せつび》を「助数詞」と呼びます。助数詞をきちんと使おうとすることによって、「ものの種類」についてのとらえかたがしっかりとしてきます。というよりも、日本語がどのように「ものの種類」をとらえてきたか、ということが少し見えてきます。これも遠回りのようですが、語の「格納」にかかわっているように思います。

クイズ形式にしてみましょうか。次の「もの」を数える時に使う助数詞は何でしょうか。答えは94頁。

1　羊羹《ようかん》
2　エレベーター
3　ガスタンク
4　日本刀
5　豆腐《とうふ》
6　ウサギ
7　人形
8　椅子《いす》
9　はさみ
10　橋

93頁の答え
1 さお／2 基／3 基／4 ふり／5 丁／6 羽／7 体／8 脚
9 挺《ちょう》／10 本

例えば、細く長い物は「本」で数えるというような共通点があります。つまり工場の煙突《えんとつ》も、鉛筆《えんぴつ》も、タバコも、ズボンも、同じような形状をしているというとらえかたが根底にあるわけです。ただし、形状とは無関係に、論文や小説を「本」で数えることがあります。「基」は底が固定されている物を数える時に使います。エレベーターは動きますが、一番下にとまっている時は底が固定されている状態にちかい、ということでしょう。鉄塔《てっとう》や鳥居、ミサイル発射台など、さまざまな物を「基」で数えています。これはふだんあまり気がつかないのではないでしょうか。これからはどのような物が「基」で数えられているか、少し気にしてみてください。「基で数える語」を集めれば、「助数詞に「基」を使う語彙」ができあがります。

1本
1本
1本
2羽
2羽
1本

オノマトペで「語感」をみがく

夜中にマンションの玄関《げんかん》のドアをドンドンと叩《たた》く音がした。
夜中にマンションの玄関のドアをトントンと叩く音がした。

「オノマトペ」は音象徴《おんしょうちょう》語などと訳されることがありますが、「擬《ぎ》音《おん》語・擬《ぎ》声《せい》語《ご》・擬《ぎ》態語《たいご》」のことです。「擬音語」は音、「擬声語」はヒトの声や動物の鳴き声、「擬態語」は様態をあらわします。右の「ドンドン」「トントン」は擬音語です。これが「さあ、どんどん食べてください」となれば、この「どんどん」はそこで実際に何か音がでているわけではないので擬態語です。

さて、「ドンドン」と「トントン」とでどのように違う感じがしますか。「トントン」のほうが小さな音あるいは、ドアの叩きかたが弱い、と感じた人が多いと思います。そうですね、濁音《だくおん》「ドンドン」と清音「トントン」を比べるとたしかにそのように感じます。

雨が急にバラバラと降ってきた。
雨が急にパラパラと降ってきた。
雨が急にハラハラと降ってきた。

「バラバラ」「パラパラ」「ハラハラ」ではどうでしょうか。「バラバラ」は雨粒《あまつぶ》が大きそうですね。「パラパラ」だったら、傘《かさ》をささなくてもしばらくだったら平気かもしれません。「ハラハラ」はなにかはかない感じがしますね。このように、オノマトペと「語感」とは密接に結びついているようです。しかしまた、おもしろいというか、困ったというか、その「語感」はだいたい共通しているようですが、個人差がある場合もあります。それはやはり「感じ」だからでしょう。筆者はここまで語の意味をあらわす用語として「語義」という表現を使ってきました。語義は共有されているはずです。しかし、「語感」は共有までいっていないような気がします。ある程度は共有されているけれども、少し個人差がある、それが「語感」です。

小学校の教科書で宮沢賢治の「やまなし」を学習した人も少なくないと思います。「やまなし」は二匹《ひき》の蟹《かに》の子供が水の底で話をしている場面から始まります。

『クラムボンはわらったよ。』
『クラムボンはかぷかぷわらったよ。』
『クラムボンは跳《は》ねてわらったよ。』
『クラムボンはかぷかぷわらったよ。』

そもそも「クラムボン」が何か、がわからないのですが、「かぷかぷわらったよ」もちょっとびっくりしますね。「共有」ということでいえば、まったく共有されていないオノマトペで、こうなると、「カプカプ」をどのように感じるかは、個人個人で違いがありそうです。「カプカプ」を繰り返していくと「カプカプカプカプ」になって、「プカプカ」みたいになる。だから、水の上をプカプカ何かが流れていくような感じで笑ったということじゃないかな。これも一つの感じかたです。「カブカブ」じゃなくて、「カプカプ」なんだし、「跳ねてわらった」とあるから軽い感じじゃないかな。これも一つの感じかたです。「カプカプ」がどういう擬態語なのか、という一つの答えはないでしょう。答えがでないなら考えてもしかたがないと思わずに、少しでいいので考えたり想像してみたりしてください。この「少し考える」「少し想像する」が、「語感」を鍛えていきます。

「つめこみ教育」という表現を聞いたことがあるでしょうか。なんでも覚えておけばいいということではないと思います。しかし、語彙力を鍛える場合には、まず手持ちの語を増やす必要があります。ですから、少しはつめこまないといけません。しかし手持ちの語を増やすのには「ボー暗記」ではだめです。脳内にとりこんだ、これまで知らなかった語をどこに「格納」すればよいか、他の語と「相談」してしかるべきところにとりこむという作業が必要です。この作業をしておけば、使う時に「すっととりだせる」のです。他の語と「相談」するということをこの本では「ひも付け」と呼んでいます。

宮沢賢治はさまざまなオノマトペを駆使《くし》したことで知られています。ここで宮沢賢治の「オノマトペワールド」をクイズ形式でのぞいてみましょう。□に入るオノマトペを、あとのa〜jより選んでください。答えは104頁。

1　子兎《うさぎ》のホモイは、悦《よろこ》んで□踊《おど》りながら申しました。（「貝の火」）

2　そこには冷たい水が□と音をたて、底の砂がピカピカ光っています。（「貝の火」）

3　いたちは、ちょうど、とうもろこしのつぶを、歯で□噛《か》んで粉にしていましたが、ツェねずみを見て云いました。（「ツェねずみ」）

4　ツェねずみは、一目散にはしって、天井《てんじょう》裏の巣へもどって、金米糖を□たべました。（「ツェねずみ」）

5　猫《ねこ》のおうちはどうもそれは立派なもんでした。紫色《むらさきいろ》の竹で編んであって中は藁《わら》や布きれで□していました。（「クンねずみ」）

6　カン蛙《がえる》は□とした顔つきをしてこっちを向きました。（「蛙のゴム靴《ぐつ》」）

7　そこらはぼおっと明るくなり、下では虫がにわかに□と鳴き出しました。（「二十六夜」）

8　嘉《か》ッコは街道《かいどう》のまん中に小さな腕《うで》を組んで立ちながら、松並木のあっちこっちをよくよく眺《なが》めましたが、松の葉が□続くばかり、そのほかにはずうっとはずれのはずれの方に、白い牛のようなものが頭だか足だか一寸《ちょっと》出しているだけです。（「十月の末」）

9　外では雪に日が照って豚《ぶた》はまぶしさに眼《め》を細くし、やっぱり□歩いて行った。（「フランドン農学校の豚」）

10　次の日、空はよく晴れて山の雪はまっ白に光りひばりは高く高くのぼって□やりました。（「虔十《けんじゅう》公園林」）

a　けろん

b　チーチクチーチク

c　こぼんこぼん

d　パサパサ
e　しいんしいん
f　ぴんぴん
g　コチコチ
h　こつこつ
i　ぐたぐた
j　ホクホク

どうでしょうか。宮沢賢治の「オノマトペワールド」はなかなか手強《てごわ》いのではないでしょうか。全問不正解の方もいるかもしれません。がっかりしないでください。難しいオノマトペばかりを選んだのです。オノマトペを使うと文章が子供っぽくなるんじゃないの？と思っている方もいると思います。オノマトペは語彙力に関係ないんじゃない？と思っている方もいるでしょう。たしかに、会社で上司に提出する文書にオノマトペは使えないでしょう。しかし、文書を書くのだけが言語生活ではありません。語彙力は

けろん

101～102頁の答え

1 f／2 c／3 h／4 g／5 j／6 a／7 e／8 d／9 i／10 b

「かきことば」だけのことではなく、「はなしことば」にもかかわっています。オノマトペを理解し、使うためには、五感と語感をフル回転させなければなりません。その文にぴったりのオノマトペを加えるだけで、その文は生き生きとした文、「生きた文」になることがあるでしょう。プレゼンテーションのために、機器を駆使することも必要になってきますが、「生きた文」が一つあったことによって、そのプレゼンテーションが聞き手の印象に残るということだってあるはずです。文にみずみずしさを与《あた》えるために、「オノマトペの達人」になってみませんか。

第3章

ゆかいに
語彙力を身につける
［上級編］

WORLDLY WISDOM
FOR 14 YEARS OLD

そこの君、辞書の使いかたを間違《まちが》ってないか？①
まず「凡例《はんれい》」を読もう

ほとんどの人が国語辞書を一度は買ったことがあると思います。中学生、高校生、大学生はおそらく何か一冊は国語辞書を持っていることでしょう。現在は、使用する年齢《ねんれい》などに合わせて、いろいろな辞書が編集され、出版されています。

辞書には語がたくさん集められているのですから、辞書はまさしく「語彙《ごい》」そのものということになります。ではどういう「観点」から語が集められているのでしょうか。それは辞書ごとに違うといってもいいかもしれません。

例えば、本書でも時々使った『ドラえもん　はじめての国語辞典』は前にも述べたとおり、帯に「園児から、小学校低学年向けです」と書かれていて、「よりぬき一万九〇〇〇語」を収めていることがうたわれています。最初に「この辞典の特徴《とくちょう》」が述べられていて、そこには「みなさんにとって、身近な言葉を中心に選びました」とあります。

つまり「園児から、小学校低学年」の人が日常の言語生活で使いそうな語を中心に選んだということです。これがこの辞書の編集方針になります。そのように、辞書は何らかの編集方針にしたがって、編集されています。それをまずなんとなくでもいいのでおさえてから辞書を使うのがいいはずです。

ほとんどの辞書には、「凡例」とか「この辞書の使いかた」とか、そういう文章が最初のほうに置かれています。「そんなの読んだことない」という人が多いのではないでしょうか。「読まなくても使える」ということかもしれません。たしかに、国語辞書を使う人は日本語を母語としている人が多そうです。そうだとすると、「凡例」を読まなくても辞書を使うことができるでしょう。それは、パソコンに慣れている人が、マニュアルをきちんと隅《すみ》から隅まで読まなくても、だいたいは使うことができる、ということと似ているかもしれません。

しかし、できれば「凡例」は一度、ざっとでもいいので読んでみてください。現在出版されている辞書には驚《おどろ》くほど多くの「情報」が収められています。その多くの「情報」を効率的に、限られた紙面に収めるために、さまざまな工夫《くふう》がされています。その

「工夫」はどのように印刷するかということを多く含《ふく》んでいます。さまざまな記号や符《ふ》号《ごう》を駆使《くし》して印刷されていることが多いのです。その記号や符号について確認《かくにん》するだけでも、辞書から得られる「情報」はずいぶん違うと思います。まず「凡例」を読んでみてください。

そこの君、辞書の使いかたを間違ってないか？②
記号・符号に気をつける

第2章では「類義語」「対義語」に注目することで語彙力をつける方法について述べました。辞書には「類義語」「対義語」がちゃんと示されていることが多いのです。例えば「対義語」は「↕」というような符号で示されていることが多いでしょう。次の語の対義語が何かわかりますか？　答えは110頁。

1　定量

2　昨日
3　上げ潮
4　座礁《ざしょう》・坐礁《ざしょう》
5　左遷《させん》
6　里山
7　私的
8　主体
9　巧遅《こうち》
10　彼岸《ひがん》

1では「量」と対義になる語を考えることになります。

2は、「サク（昨）」と「ミョウ（明）」とが対義になっていることがわかります。こうなると、「昨〜」と「明〜」とからたくさんの対義語を思い浮《う》かべることができるようになります。

108－109頁の答え

1 定性／2 明日／3 下げ潮／4 離礁《りしょう》／5 栄転／6 奥山《おくやま》・深山《みやま》

7 公的／8 客体／9 拙速《せっそく》／10 此岸《しがん》

3では「上げ～」「下げ～」が対義になっていますが、こちらはわかりやすいでしょう。

4「ザショウ（座礁・坐礁）」は〈船などが暗礁に乗りあげること〉ですが、その暗礁から離《はな》れるという語義の「リショウ（離礁）」という語があるのですね。「テンキン（転勤）」は〈別の所での勤務に変わること〉ですが、左遷されて転勤するのか、栄転で転勤するのかは大違いですから、間違ってはいけない語ですね。

6「サトヤマ（里山）」は最近よく使われる語です。〈人里近くにある、生活とかかわりがふかい山〉のことですが、対義語は〈人里離れた山〉ということで「オクヤマ（奥山）」あるいは「ミヤマ（深山）」ということになります。筆者は子供の頃《ころ》、昆虫《こんちゅう》が好きだったので、筆者が覚えた「ミヤマ」は「ミヤマクワガタ」の「ミヤマ」です。その立派な「クワガタ」は「ミヤマ〈深山〉」の奥深さを充分《じゅうぶん》に感じさせてくれました。他にもミヤマカラスアゲハなど、比較的《ひかくてき》深い山にいる昆虫に「ミヤマ」という名が付けられることがあります。植物にもありますね。

このように対義語に注目して辞書をみていくこともできます。いろいろな対義語の「対《つい》」をみていくと、結局、どういう風に語がつくられていっているか、ということがなんとなくつかめてくることがあります。

その「どういう風に語がつくられていっているか」は日本語が世界をどのようにとらえているか、ということでもあります。「ヤマ〈山〉」には人里ちかくにある、あまり高くない「サトヤマ〈里山〉」があり、その一方で、人里離れた「ミヤマ〈深山〉」「オクヤマ〈奥山〉」があるというのは、人間の住んでいるところを起点としたとらえかたといっていいでしょう。

７に関連して、「コウシコンドウ〈公私混同〉」という語があります。〈公《おおやけ》のことと私的なこととのけじめがない〉ことをいいますが、「コウ〈公〉」と「シ〈私〉」とは「カン（官）」「ミン（民）」と同じような意味合いで、世界を把握するとらえかたの一つです。今では「シテキ（私的）」のさらに私的な意味合いで「ワタシテキ（私的）」という語が使われるようになっているのではないでしょうか。

8は「主」と「客」とが対義になっています。これは簡単かもしれません。「主人↕客人」「主観的↕客観的」など、「主↕客」という対義語は少なくありません。

9「コウチ（巧遅）」の対義語が「セッソク（拙速）」であることがわかった方は、対義語上級者かもしれません。どちらかといえば「セッソク（拙速）」という語のほうがよく使われるかもしれないですね。〈できばえがよくないが仕上がりが速いこと〉です。「コウチ（巧遅）」は〈できばえはいいが仕上がりが遅《おそ》いこと〉ですね。「巧」と「拙」、「遅」と「速」とが対義になっている、いわばばりばりの対義語です。

10も上級者問題かもしれません。「オヒガン（お彼岸）」は現在でも使う語なので、聞いたことがないという方は少ないでしょう。でも、仏教的な行事の名前のように思っていなかったでしょうか。もちろんそうなんです。春分の日、秋分の日とその前後の三日を合わせた七日間が彼岸で、この間にお墓参りや法事を行なうのが習慣になっています

ね。その「ヒガン（彼岸）」には〈向こう側の岸〉という意味があります。〈向こう側の岸〉の対義語は〈こちら側の岸〉ですね。ということで、「シガン（此岸）」は〈こちら側の岸〉〈現世〉という意味があります。

もとの形に気をつける

冬になるとコンビニエンスストアでおでんを売っているのを見かけますね。この「オデン」の「もとの語形」はわかりますか。「デンガク（田楽）」の「デン」に接頭辞の「オ（御）」がついたものが「オデン」です。長方形に切った豆腐《とうふ》を串《くし》に刺《さ》して、味噌《みそ》を塗《ぬ》って炙《あぶ》った「田楽（豆腐）」という料理をご存じでしょうか。この「田楽（豆腐）」ももちろん「デンガク（田楽）」と関係があります。おでんを食べる時に、「オデン」ってちょっと変わった語形だな、「もとの語形」は何だろう？と思って調べるだけで、「デンガク（田楽）」という語を知ることができます。もともと語と語とはつながっているのですから、そのつながりをたどってみようとすれば、どんどんたどることができ、「芋《いも》づる式」に手持ちの語を増やすことができるはずです。

筆者が子供の頃はウルトラQやウルトラマンなどを夢中になって見ていたものですが、「トクサツ（特撮）」という語をよく耳にしました。「トクサツ（特撮）」の「もとの語形」は「トクシュサツエイ（特殊撮影）」（あるいは「トクシュコウカサツエイ（特殊効果撮影）」）です。このように漢字四字以上で書かれる複合語の一字ずつをとって、省略した語形にすることがあります。省略した語形ばかりが使われているうちに、「もとの語形」が忘れられてしまうこともありそうですが、時々それを思い起こすことによって、手持ちの語を増やすことができることもあるでしょう。

「モシ（模試）」は「モギシケン（模擬試験）」を、「ゲンパツ（原発）」は「ゲンシリョクハツデン（原子力発電）」ですね。「ドクモ」という語を初めて耳にした時には、「ドコモ」でもないし「ドクグモ」でもない、この語が「?・?・?」という感じでしたが、皆《みな》さんはおわかりですよね。「読モ」は「ドクシャモデル（読者モデル）」の省略形です。「ドクモ」を聞いた時に、「え?　ドコモ?　毒蜘蛛《ぐも》?」なんて言うと、「おやじギャグかい」と思われるかもしれませんが、「おやじギャグ」おおいにけっこうなんです。

「ドクモ」と「ドコモ」とは、語を構成する三つの音の二つ目だけが入れ替《か》わっていて、しかもその母音《ぼいん》だけが入れ替わっているのです。このように、母音が入れ替わっている語を「母音交替形《こうたいけい》」といいます。つまり発音、聞こえが近い語のペアということになります。「ドクモ」と「ドクグモ」とは語を構成する音の数が違いますが、まあ発音が近い語形といえなくもないでしょう。

このような、発音の近い語形がすぐに思い浮かぶということも大事です。そういうことができる人は、言語の音に敏感《びんかん》な人だといえます。言語は音によって成り立っているといってもよいので、音に敏感なことはいいことです。これについては後にまた述べることにします。

俗語《ぞくご》をてがかりにする

「あの人はガタイがいい」。時々聞きますね。この「ガタイ」は、いわば俗語です。どんな漢字をあてるかもよくわかりません。こうなると、「かきことば」では使いにくい

トクホ
ドコモ
ドクモが
ドクグモにのって
ドコモをつかって
トクホをのむ
シーンの
トクサツ
です

語になります。この「ガタイ」を小型の国語辞書で調べてみると〈からだつき〉というような説明がされています。「カラダツキ」なら、「かきことば」で使うことができそうです。さらにそれなら「タイカク（体格）」でもいいかもしれない、とだんだん思いついてきます。

ただし、これもただの置き換《か》えでは失敗します。同じ「カラダツキ」でも「ガタイ」はおもに男性の「ガッチリシタカラダツキ」のことを表現する時に使うようです。ですから、女性に対しては使わないほうがよさそうです。また「タイカク（体格）」であれば、「タイカクがよい」「タイカクがあまりよくない」とどちらも言えそうですが、「ガタイがよくない」はあまり使わないかもしれません。やはり使いかたは大事です。

しかし、こうして「ガタイ」を起点にして、「どんな語と置き換えができるかな」とか「どういう時に使っているかな」と考えることによって、語彙全体が豊かになり、語と語との違いもしっかりと意識できるようになるでしょう。こういうことも大事です。

大学生で「シュウカツ（就活）」という語を知らない人はおそらくいないでしょう。改めていうまでもないですが、「シュウショクカツドウ（就職活動）」の省略語形です。

ガツガツ
シューカツ

コツコツ
コンカツ

おそらくこの語から、だと思いますが、ここからさまざまな「×活」という語がうまれていきました。

「コンカツ（婚活）」は「ケッコンカツドウ（結婚活動）」でしょうが、むしろ「ケッコンカツドウ（結婚活動）」という省略しない語形を使うことがほとんどないかもしれません。それは、「ケッコンカツドウ」という語があって、それが省略されたのではなく、「シュウカツ（就活）」から「コンカツ（婚活）」がうまれたからだと思います。

最近では〈人生の最期《さいご》をどのように迎《むか》えるかを考える〉「シュウカツ（終活）」という語も使われるようになっています。「コンカツ（婚活）」は新聞記事などでも少なからず使われるようになっており、そういう意味合いでは「市民権を得た」といっていいでしょう。

文章語をてがかりにする

「ケンリョ（賢慮）」という漢語があります。もちろん「はなしことば」で使うような語ではありません。語義は〈賢《かしこ》い考え〉ですが、そこから転じて、相手がうまく考えてくれることをいう場合にも使われます。一九八五年から二〇一七年六月十一日までに発行された『朝日新聞』に検索《けんさく》をかけても、たったの十件しか使われていません。したがって、新聞などでも使われることがないほど「固い」漢語ということになります。こんな漢語に「出番」はあるのでしょうか。

しかし、「ご賢慮いただければさいわいです」といったような表現としては使われることがありそうです。これは手紙などの文章です。ごく粗《あら》く、「はなしことば」→「一《いっ》般《ぱん》的なかきことば」→「手紙などで使うかきことば」と「固さ」が増していくと考えれば、「はなしことば」を「一般的なかきことば」にするためには、一段階「固く」し、手紙などを書く場合には、それをさらに一段階「固く」すればよいということになります。「固く」がわかりにくければ、「改まる」でもいいでしょう。やっぱり、場面を想定することが大事です。もしかすると語彙力を豊かにする鍵《かぎ》は、「場面想定力」かもしれません。

a　このことについてよく考えてみてください。……はなしことば・やわらかめ
b　この件についてご考慮いただければさいわいです。……はなしことば・固め
c　この件についての考慮、検討を求めたい。……一般的なかきことば・やわらかめ
d　この件について熟慮することが期待される。……一般的なかきことば・固め
e　当該《とうがい》案件についてご賢慮いただければ幸甚《こうじん》です。……手紙などで使うかきことば

わかりやすくするために、「やわらかめ」「固め」というさらに二段階を設けてみました。なんだか焼きそばみたいになりましたが、例えば、右に示したようなａ～ｅを自由自在に動くことができれば、語彙力の達人といっていいでしょう。場面に応じて、「心的辞書」からふさわしい語をさっととりだす、それが大事です。

筆者は大学の教員なので、オープンキャンパスなどで、受験生に小論文の書きかたについて話すことがあります。そんな時には書き終わったら、必ず推敲《すいこう》をしましょう、と話します。推敲はもちろん大切です。しかし、もっとも理想的なのは、推敲の必要がないような文が最初から書けることです。

「そんなことは当たり前だ」と思われるかもしれませんが、これは、場面が設定されれば、その場面にふさわしい語がまず一つ選択《せんたく》され、後はその語と「調子が整っている」別の語が次々と「心的辞書」からとりだされるということです。少しは「この語にしようか、それともこっちの語にしようか」と迷うかもしれません。そうした迷いもなく、どんどんと語が繰《く》り出されてくるのが理想です。そして、それはそんなに難しいことではなく、「心的辞書」に新たに獲得《かくとく》した語を「格納」する時に、きちんと場面設定をして、どの語のそばに「格納」すればよいか「ひも付け」をしておけばいいのです。それは「ボー暗記」をするのではなく、少し頭を使って語を獲得するということです。

日本国憲法を現代日本語に置き換えるというような試みの本が何冊も出版されていま す。中には、大阪弁にするというものもあるようです。法律の条文が「固い」ということはよく話題になりますね。

例えば、民法第七〇九条は「故意又《また》は過失によって他人の権利又は法律上保護される利益を侵害《しんがい》した者は、これによって生じた損害を賠償《ばいしょう》する責任を負う」というもので、たしかに「固い」ですね。法律の条文だから、「故意」を「ワザト」に、「過失」を「シクジリ」に置き換えるだけでは、条文の内容を保持したまま口語訳したことにはならないでしょうが、例えば、こうした法律の条文を自身で口語訳してみるという「遊び」も「固さ」を感じるためには有効でしょう。

現代日本語の言語生活は、だいぶ「はなしことば」寄りになっているように思います。そうだとすれば、「固い」漢語がどんどん日常生活から「遠い」ものになっていくということです。それも、日常生活そのものの変化に伴《ともな》うものでしょうから、しかたがないといえばしかたがないわけですが、時には、少しばりばりの「かきことば」に触《ふ》れてみるのもわるくないでしょう。

雅語《がご》をてがかりにする

小型の国語辞書がいろいろな符号を使って、見出しとなっている語がどのような語であるかを示してくれていることについては先に述べました。そうした符号によって、「雅語」を示している辞書もあります。

例えば『三省堂国語辞典』第七版では［雅］マークによって「雅語」を示しています。どのような語が「雅語」であるか、そもそも「雅語」をどのように考えればよいか、は簡単ではありません。「雅語」はそのまま受け止めれば、〈雅《みやび》な語〉ですが、現代日本語において〈雅な語〉とは何か、と改まって聞かれると答えるのが案外と難しそうです。かつて使われていた語＝「古語」も「雅語」に含まれるかもしれません。和歌や俳諧《はいかい》で使われた語も「雅語」といってもよさそうです。そう考えると、「雅語」の「正体」は一つとは限らないかもしれません。

さて、『三省堂国語辞典』第七版では、見出し「さんざめく」の二つ目の語義「いちめんにきらめく」に［雅］マークが付けられています。そこにあげられている使用例は「—星たち」です。また「「さざめく」の変化」という説明もあります。同じ『三省堂国語辞典』で見出し「さざめく」を調べると、「①にぎやかに、ざわざわと声を立てて話す。「笑い—」②ざわざわと音を立てる。「木々の葉が風に—」③いちめんにきらめく。「—星たち・—あかり」」と語義を三つに分けて説明しています。この「さざめく」には［雅］マークは付けられていません。このことからすれば、『三省堂国語辞典』の編集者の判断では、「サザメク」は普通《ふつう》の語、「サンザメク」は雅語ということのようです。「サンザメク」は十七世紀中頃ぐらいには使われていたようなので、「古語」といってもよいかもしれません。

こうした語をうまく使うと、「ちょっと気がきいている」ということになるかもしれません。しかし、こうした語は使いかたが難しそうではありますす。「さんざめく星たち」というフレーズを使う時があるでしょうか。ちょっときざすぎるようでもあります。また右でふれたように、「さんざめく」は「さざめく」からできた語ですから、「さざめく」の語義である〈音をたてる〉はそのまま受け継《つ》いでいるはずです。星のまたたきに「サンザメク」を使うのは、星が声をたてているように感じる、という比喩《ひゆ》的な使いかたなのです。

ですから、「同級生と待ち合わせをしていた居酒屋に入ると、中からさんざめく声が聞こえてきた」という使いかたは間違ってはいません。しかし、居酒屋の騒《さわ》がしさを雅語である「さんざめく」で表現すると、ちぐはぐになってしまいます。雅語をもちだすには、それなりの「環境《かんきょう》」が必要です。ここでもやはり重要なのは「場面」です。

「固い」語を使う場合は、それにふさわしい「場面」があり、「雅な」語を使うにはそれにふさわしい「場面」があるということです。

「サザメク／サンザメク」は純粋《じゅんすい》の和語＝やまとことば、です。最近この「やまとことば」がちょっとした流行になっています。「やまとことば」で思いやりの心を伝えようとか、「やまとことば」の美しさを再認識しようとか、できる社会人は「やまとことば」を使いこなしているとか、いろいろな本が出版されています。

しかし、筆者などは、「ちょっと待って」と言いたくなります。現在の日本語は「和語＋漢語＋外来語」で成り立っています。前にも述べましたが、和語＝やまとことばの割合は三分の一ぐらいで、残りを漢語と外来語と混種語が占《し》めています。「やまとことば」が美しいというのであれば、漢語と外来語はどうなっちゃうの?と茶々を入れたくなります。和語も漢語も外来語も、みんな現在の日本語の「一員」です。みんなかわいい日本語です。「やまとことば」だけが美しいということはないはずです。

そしてまた、右で述べたように、突然《とつぜん》一つの語だけ雅語を使っても、唐突《とうとつ》になってしまうだけです。「うだつがあがらない」という表現を使っただけで、同僚《どうりょう》や部下に一目置かれるなんてことがあるでしょうか。社会はそんなに甘《あま》くないはずです。「部長、お戯《たわむ》れはそのくらいにしてください」などと言って、部長が「やるな」と思ってくれるでしょうか。今や、「オタワムレ」はテレビの時代劇の中でしか聞かない語になっていないでしょうか。やはり、大事なのはどういう「場面」で使えるか（使えないか）です。「やまとことば」をただ「ボー暗記」しても使うことはできないし、不適切に使えば、奇妙《きみょう》なだけです。

いろいろな辞書——こんな辞書もありますよ

辞書を手がかりにして語彙力を豊かにする「方法」について述べてきましたが、念頭にあったのは、普通の国語辞書です。しかし辞書にはさまざまなものがあります。少し「変わり種」の辞書を紹介《しょうかい》しておきましょうか。本書では、ある語から何らかの連想によって別の語につながっていくということを繰り返し述べてきました。「ひも付け」という表現も使っています。そのことからすると、まず紹介しておきたいタイプの辞書が二つあります。

■類義語辞典

一つは「類義語辞典」です。例えば『角川類語新辞典』（一九八一年）がそれにあたります。この辞書は「わが国で初めて生まれた本格的なシソーラス―類語辞典―です」と謳《うた》っています。「シソーラス（thesaurus）」はこの辞書の帯によれば、「多数の同義語・類義語などを意味により体系的に分類・整理した類語・関連語辞典をさしていう」とのことです。

この辞書は「大分類」「中分類」「小分類」と大きく三つに分け、それぞれの中をさらに十に分けています。「大分類」は「自然」「性状」「変動」「行動」「心情」「人物」「性向」「社会」「学芸」「物品」に分けられ、それぞれに0〜9の番号が付けられています。「タイヨウ（太陽）」という語を索引で調べると、004という番号であることがわかりますが、それは、大分類の0自然、その0の中の中分類の00天文、その00の中の小分類004太陽にあたるということです。そしてその「太陽」の条には、「日」「お日様」

「お天道様《てんとさま》」「天日」「日輪」「白日」「烈日《れつじつ》」「朝日」「旭日《きょくじつ》」「初日」「入り日」「夕日」「落日」「落陽」「斜陽《しゃよう》」という語が並んでいます。

英語「thesaurus」はギリシャ語の「宝庫」の意味につながるとのことですが、つまり「語の宝庫」ということですね。そして、その倉には、「大分類」「中分類」「小分類」のような分類の下に、整然と語が「格納／収納」されていることになります。そうした「イメージ」をもたせてくれるという意味合いでも、「類義語辞典」は手にとってじっくりとみてほしい辞書です。少し漢語に傾斜《けいしゃ》しているようにも感じますが、まずまずバランスはとれているかと思います。

例えば57「職業」の中の574「芸術家」の「a［画家・書家など］」には「絵描《えか》き」「画家」「画工」「画伯《がはく》」「絵師」「彫刻家《ちょうこくか》」「書家」「墨客《ぼっかく》」「漫画家《まんが》」「カメラマン」「イラストレーター」「デザイナー」があげられています。

これは便利な辞書で、この辞書を読んでいって、「こんな語があるんだ」と思えば、その語をどこに「格納／収納」すればよいかはすぐにわかります。「ひも付け」はすでにされているといってもよいでしょう。

瀬戸内海《せとないかい》の落日に映《は》える海上を漁船が港に戻《もど》ってくるのが遠目にも鮮《あざ》やかに見えた。

瀬戸内海の入り日に映える海上を漁船が港に戻ってくるのが遠目にも鮮やかに見えた。

「ラクジツ（落日）」は漢語、「イリヒ（入り日）」は和語ですが、右の二つの文は、筆者の「感覚」ではほとんど違いがありません。違いが説明できないといえばいいでしょうか。しかし、「ラクジツ（落日）」は比喩的に使うことがあり、「落日の××産業」などという表現がありますね。この「ラクジツ（落日）」は「イリヒ（入り日）」と置き換えることができません。「類義語辞典／シソーラス」はいわば「二度おいしい」のです。

まずは、ある語の類義語を一度にたくさん知ることができます。これは五十音順に見出しが配列されている通常の国語辞書ではできないことです。次に、そこに並んでいる類義語同士の語義の違いを考えることができます。これによって、語義をはっきりと理解することができ、また、語義をよく考える、という習慣を身につけるきっかけにもなります。

■語感の辞典

レストランでポークカツレツを注文したとしましょう。その時に、「パンにしますか、ライスにしますか」というようなことを聞かれたことがあると思います。この「パンにしますか、ライスにしますか」という質問の「ライス」を「メシ」に変えたら、百人に聞けば百人が「おかしい」と答えるでしょう。では「ゴハン」だったらどうでしょうか。「パンにしますか、ゴハンにしますか」。どうですか。少しおかしい気もするけど「メシ」ほどおかしくはない、でしょうか。それともいやいや、そもそもメニューに「パン／ライス」と書いてあるんじゃない？と思った方も多いと思います。

「ライス」という語を使っても、「ゴハン」という語を使っても、（そんなことはないと思いますが）「メシ」という語を使っても、出てくる物は同じです。物＝（語の）指示物でいえば、同じことです。それは語義が同じということでもあります。しかし、「どのように使うか」あるいは「その語を使うとどのような感じがするか」は違います。この「どのような感じがするか」が「語感」です。

語義と語感とははっきりと区別できる場合もありますが、語感が語義に入り込《こ》んでいるような場合もあります。「ゴハンヂャワン（ご飯茶碗）」「ドンブリメシ（丼飯）」「ハヤシライス」のように複合語でも入れ換えは必ずしもできません。

これも「場面」ということとかかわってきそうです。語を手に入れる時には、この「語感」も含めて手に入れなければ、使う「場面」を間違ってしまうかもしれません。言語学では、この「語感」を「副次的意味」と呼ぶことがあります。

このような辞書に例えば、『日本語　語感の辞典』（二〇一〇年、岩波書店）があります。この辞典の「キット（きっと）」の説明を引用してみましょう。

> 必ず実現するものと予測する気持ちを表し、主として会話に用いられることば。「必ず」よりくだけた日常会話でよく使われる。〈―またどこかで会えるさ〉〈―うまく行くよ〉〈―知らせてね〉〈約束だよ、―だぞ〉客観的な感じの「必ず」に比べ、

判断の根拠《こんきょ》に自分の推測が入った感じの主観的な表現。ちなみに、夏目漱石《なつめそうせき》の『草《くさ》枕《まくら》』に「どこ迄《まで》も登って行く、いつ迄も登って行く。雲雀《ひばり》は―雲の中で死ぬに相違《そうい》ない」という例が出る。↓必ず・絶対に（傍線《ぼうせん》筆者）

例えば、二〇一七年六月九日の『朝日新聞』に「きっと、会場を出たあとも、あなたは、世界や人間のことを自分なりに感じ考え、ふだんよりは、人間存在をいとしく思うに違いない」という記事が載《の》せられています。この文は読者に呼びかける調子で書かれてはいますが、会話文ではありません。この「キット」を「カナラズ」に置き換えてみましょう。そうすると「必ず、会場を出たあとも、あなたは、世界や人間のことを自分なりに感じ考え、ふだんよりは、人間存在をいとしく思うに違いない」となって、「思うに違いない」との呼応がなめらかではなくなってしまうように感じます。「カナラズ」を使うのであれば、「いとしく思うことでしょう」ぐらいがよいように思いますが、皆さんはどうでしょうか。右の説明文には「感じ」が二回使われていて、「語感の辞典」らしいといえば、らしいですね。

ここで筆者がいいたいことは、時間が経《た》つと語の使いかたは変化してくるということです。だから、二〇一〇年頃であれば、そうだったことでも、七年後の二〇一七年にはあてはまらないということがおおいに考えられます。この線で考えると、「くだけた日常会話」で使われていた「キット」が新聞記事で使ってもおかしくないぐらい、「固さ」を獲得したとみるのがいいのか、あるいは新聞記事がかつてよりも全般的に「やわらかい」書きかたがされるようになってきているとみるのがいいのか、どちらかかと思います。

もう一つは、やはり「語感」そのものに「揺《ゆ》れ」があるだろうということです。語義は共有されていないと困ります。しかし「語感」は必ずしも共有はされていないと思います。したがって、辞書の編纂《へんさん》者はそうとらえていても、それがすべての人に共感されるとは限らないだろうということです。そこに語感の難しさがありますが、やはり語感が大事であることにはかわりありません。

『日本語　語感の辞典』からもう一つ例をあげてみましょう。

ネーミング　新商品や新しい企画《きかく》・組織や会などの命名をさし、会話や軽い文章に使われる比較的新しい外来語。〈同じ機種でも―次第《しだい》で売れ行きが違う〉→名付ける・命名

「ネーミング」はまず「会話や軽い文章」で使われていたという「感覚」は筆者にもあります。その点では『日本語　語感の辞典』の編集者と筆者との「感覚」は一致《いっち》しているといってよいでしょう。しかし「比較的新しい外来語」はどうでしょうか。『三省堂国語辞典』は（すでに）見出し「ネーミング」に「社会常識語」のマークを付け、「「商品や会社の名などの」命名。名づけ」と説明しています。「比較的新しい」は二〇一七年の時点ではあたらないように思います。

もともと外来語は、和語と漢語とではカバーできない「エリア」に入ってきているといえるでしょう。「西洋文化」などという語を使うと、これまた、「古い」ということになりそうですが、ヨーロッパやアメリカ、またその他、海外の文化などに関わる語が多いことはたしかです。日本にはこれまでなかった、新しい文化、新しい物、新しい概念《がいねん》

をあらわす語として外来語が借用されることが多いとすれば、文化、物、概念が古くなって、別の文化、物、概念に変われば、語も使用されなくなるはずです。そうした意味合いではいわば「出入りが激しい」ともいえるでしょう。そうだとすれば、外来語にも注意しておくほうがよさそうです。

もしかしたら「ガイライゴ（外来語）」がすでに古いかもしれません。もちろん、「ガイライゴ（外来語）」はすたれた語ではなく、現在でも使われています。しかし、現在は、「ガイライゴ（外来語）」とは少し語義が違いますが、「カタカナゴ（カタカナ語）」という語も使われるようになっています。「カタカナゴ」とは文字どおり、片仮名《かたかな》で書く語ということです。そしてそうした語を集めた「カタカナ語辞典」があります。

■カタカナ語辞典

カタカナ語が現代の日常生活に不可欠なものになっているとすれば、カタカナ語を解きほぐすことによって、そこから日常生活の網《あみ》の目に入っていくことができることになります。

本書は語彙力を豊かにする、ということをテーマにしていますが、現代社会で使われている語と丁寧《ていねい》に向き合うことによって、現代社会そのものを理解するといういわば「副産物」もありそうです。いや、語彙力を豊かにするということは、もともと「語がとらえている世界を知る」ということでもあるはずなので、「副産物」ではなく、それがほんとうの「収穫《しゅうかく》」なのかもしれません。

例えば、「ヨンケーテレビ（4Kテレビ）」という語を耳にするようになりました。かつては「サンケー（3K）」という語がありましたが、これは「キツイ」「キタナイ」「キケン（危険）」という、ローマ字で書いた時に頭にKのつく三語で表現されるような仕事や職場のことでした。筆者などはどうもこの「3K」がまず頭をよぎるので、「4K」がなかなかわかりにくいのですが、この「K」は「キロ」のことで、横向きに約四〇〇〇、縦向きに約二〇〇〇、合計で約八〇〇万画素数の高画質テレビのことだそうです。現在はフルハイビジョンと呼ばれる約二〇〇万画素のテレビが普及《ふきゅう》し始めていますが、その四倍の画素数を持っていることになります。

「ヨンケーテレビ」という語だけだと、「ああ、なんか綺麗《きれい》に映るテレビのことでしょ」

ということになりますが、「K」が「キロ」だとわかると、ちょっと違う感覚になりませんか。ご存じの方も多いと思いますが、ちなみにいえば、「キロ」は〈千倍〉ということで、「キロメートル」は「メートル」の長さの千倍ということになります。さらにいえば、「メガ」は「キロ」の千倍で百万倍、「ギガ」は「メガ」の千倍で十億倍、「テラ」は「ギガ」の千倍で一兆倍ということです。こういうことがわかってくると、ちょっと「世界をおさえた」感がでてきませんか。

カタカナ語辞典はいろいろなものが出版されているので、ここでは特定の書名をあげることを控《ひか》えておきます。さて、カタカナ語辞典で「サミット」を調べると、だいたい次のように説明されています。

①国際的な最高首脳会議。トップ会談。②転じて、各種団体や組織の最高責任者の会議。

より具体的にいえば、一九七五年にフランスで開催《かいさい》された、日本、アメリカ、イギリス、西ドイツ、フランス、イタリアの六カ国の首脳会議が初めての「サミット」で、一九七六年にカナダ、一九九七年にロシアが正式参加して、現在では八カ国（G8）とEUのリーダーが集まっています。英語「summit」は〈頂上・山頂〉という語義をもっているので、最初は「頂上会談」などと訳されたこともありましたが、今では「サミット」がそのまま使われることが多いようです。

一九八四年八月七日の『朝日新聞』の記事では、「先進国首脳会議（ロンドン・サミット）」と記されており、「サミット」は括弧《かっこ》内に入れられています。まだこの語が広く使われていないことを窺《うかが》わせる書きかたです。あるいは同年九月六日の記事では「サミット」と鉤括弧《かぎかっこ》が付けられています。

しかし、次第に「サミット」という語そのものが使われるようになり、「中小企業サミット」のように転じた使いかたもされるようになっていきます。現在、「サミット（頂上会議）」などと書いたらおかしい感じがすると思います。それだけこの語は普及したということでしょう。

■カタカナ語の新旧

手元に『岩波国語辞典』の第二版があります。この第二版は一九七一年に出版されています。例えば次のような見出しがあります。

チッキ　鉄道旅客《りょかく》がその乗車券を使って送る手荷物。またその引換え証。「―で送る」▽checkから。

チック→コスメチック

コスメチック　化粧品《けしょう》の一つ。牛脂《ぎゅうし》などに香料《こうりょう》を加えてねり、棒状に固めたもの。毛髪《もうはつ》をなでつけるのに用いる。

『コンサイスカタカナ語辞典』第四版（二〇一〇年、三省堂）では「チッキ」は見出しになっていないのでは？と思いましたが、いやいやちゃんと見出しになっています。「①荷物預かり証明。〈明〉→チェック。②託送《たくそう》手荷物。〈明〉★チェックの邦転《ほうてん》」と記されていました。「〈明〉」は「借入時代」、つまりその語がいつ頃日本語の語彙体系内に落ち着いたかをあらわす符号で明治時代に借用されたことを示しています。「邦転」は「原語の発音から大幅《おおはば》になまって日本語に定着した語の場合、この用語を用いた」と「使用上の注意」において説明されています。

田山花袋《たやまかたい》の『蒲団《ふとん》』は明治四十（一九〇七）年に発表されていますが、その中に「時《とき》雄《お》は二階の壺屋《つぼや》からサンドウィッチを二箱買って芳子《よしこ》に渡《わた》した。切符と入場切符も買った。手荷物のチッキも貰《もら》った」という行《くだ》りがあります。この「チッキ」ですね。

チックは筆者が子供の頃は、男性の整髪料として実際に使われていました。今は使う人が少なくなったように思いますが、使っている人はいるでしょう。『三省堂国語辞典』第七版をみると、次のように書かれています。

コスメ（名）↑コスメティック①。
コスメティック（名）［cosmetic］①けしょう品。コスメ。「―コーナー」②男性がかみの毛をととのえるのに使う、棒の形のけしょう品。チック。▽コスメチック。

そして見出し「コスメ」には「社会常識語」のマークが付けられています。つまり現在では、〈化粧品〉という語義で使われる「コスメ」は「社会常識語」になっているということです。筆者がこの語義の「コスメ」をいつ耳にしたか、時期は忘れてしまいましたが、大学の研究室で学生が使っているのを聞いたという記《き》憶《おく》が確かにあります。その時はすぐに〈化粧品〉のことだとわからなかったことも覚えています。

英語「cosmetic」には〈化粧品〉という語義がありますが、それが日本では特定の商品名と結びついていわば特殊《とくしゅ》な使われかたをしていたわけです。そしてその後半部を使った省略形もあったわけです。それが今では、その使いかたは「二番手」になって、本来の英語の語義と同じように使われるようになり、さらにその前半部を使った省略形「コスメ」をうみだしているというわけです。

言語は時間がたつと変化するというのは、いわば「宿命」のようなものですから、当然のことですが、外来語も変化するのですね。「外来語の変化」というと、使われる外来語が入れ替わるということをまず思い浮かべると思いますが、右のように、日本語の中での語義が変化するということもあるわけです。

辞書で外来語の見出しを拾い出して、「これはわかる」「これは知らない」などとみていくのもおもしろいでしょうし、古い辞書をひっぱりだしてきて、どんな外来語が見出しになっているかをみるのもおもしろいでしょう。「辞書をよむ」といえばいいでしょうか。「辞書をよむ」のも語彙力を豊かにする一つの方法だと思います。

辞書をよむ

「辞書をよむ」と一口にいっても、いろいろな読みかたがあります。ここでは、「複数の辞書を比べる」ことを「辞書をよむ」ということの入り口にしてみましょう。

こせんきょう［跨線橋］（名）線路をまたぐようにかけた橋。渡線（トセン）橋。陸橋。ブリッジ。（『三省堂国語辞典』第七版）

こせんきょう［跨線橋］鉄道線路の上にかけ渡した陸橋。オーバーブリッジ。

［狭義では、駅のそれを指す］（『新明解国語辞典』第七版）

こせんきょう［跨線橋］［名］鉄道線路の上をまたぐように架《か》け渡した橋。（『明鏡国語辞典』第二版）

こせんきょう［跨線橋］鉄道線路の上に架け渡した陸橋。（『集英社国語辞典』第三版）

こせんきょう［跨線橋］鉄道線路の上にまたがってかけた橋。（『岩波国語辞典』第七版新版）

こせんきょう［跨線橋］名鉄道線路の上にかけわたした橋。（『新選国語辞典』第九版）

「コセンキョウ」と聞いて、一瞬《いっしゅん》「？」となった方でも、右にあげたさまざまな辞書の語釈《ごしゃく》をみて、「ああ、あれか」と思ったのではないでしょうか。この語の場合、実際の「モノ」があるので、見たことがあれば、すぐにどういう「モノ」かはわかります。そうなると、語釈にそれほど頼《たよ》らなくてもよい、という面があります。これが、「コダワル」というように「モノ」を指示していない語であると、どのように説明するかという語釈にも違いがでてくることになります。

さて、多くの辞書の語釈が「鉄道線路の上に」から始まっています。そして「カケタ」「カケワタシタ」というような表現が使われ、場合によっては「マタガル」という語が使われています。「マタガル」は「コセンキョウ（跨線橋）」の「跨《こ》」をいわば生かした語釈でしょう。語釈の中に、「トセンキョウ（渡線橋）」「リッキョウ（陸橋）」「ブリッジ」「オーバーブリッジ」という類義語がでてきています。この中では「リッキョウ（陸橋）」は耳にしたことがあるかと思います。『三省堂国語辞典』には次のように記されています。

りっきょう［陸橋］（名）〈道路／鉄道線路〉の上にかけたはし。跨道（コドウ）橋。跨線橋。ブリッジ。

ブリッジ（名）［bridge］④［↑オーバーブリッジ］跨線橋（こせんきょう）。

今度は「コドウキョウ〈跨道橋〉」という語が語釈にでてきました。しかし、『三省堂国語辞典』はこの「コドウキョウ」は見出しにしていません。見出し「ブリッジ」の語釈④に「オーバーブリッジ」の省略形としての「ブリッジ」に〈跨線橋〉という語義があることが示されています。「オーバーブリッジ」も見出しにはなっていません。

辞書の語釈に使われている類義語の類《たぐい》をさらにその辞書で調べることによって、次々と語を渡り歩くことができます。「ネットサーフィン」という語がありますが、さしづめ「辞書サーフィン」とでもいえばよいでしょうか。辞書は語彙集といってもよいので、「辞書サーフィン」は「語彙サーフィン」でもあります。

語と語とはつながりをもっています。そのつながりを渡り歩く、これこそ、語彙力を豊かにする「道」でしょう。語彙力を豊かにするためにさほど難しい方法はいらないのかもしれません。辞書を楽しく「よむ」、これが手軽にできる一つの方法です。

おやじギャグで語彙力が豊かになる?

「ジムの事務」と聞くと「何それ?　おやじギャグ?」と思われるかもしれません。実は「ジム」と「ジム(事務)」とはある辞書で隣《とな》り合わせになっています。

よく、紙の辞書と電子辞書とはどちらがいいか、というような話題の中で、紙の辞書は調べている語の隣《となり》の語も自然に目に入ってくるからそれがいいのだ、というような話があります。たしかにそういうことがあるかもしれません。しかし、筆者などは、紙の辞書と電子辞書とは、全然違うものにみえます。全然違うものを比べて、いいも悪いもない、というのが筆者の考えです。

それはそれとして、紙の辞書で隣り合わせになっている見出しを使って、おやじギャグのようなものを作って遊ぶというのはどうでしょうか。いずれも傍線の語が隣り合わせの見出しです。

死滅《しめつ》するか自滅するかは清濁《せいだく》の違い。

しめなわをしめやかに張る。

霜月の下野《しもつけ》。

下二段活用をする下ネタ。

しもべのしもやけは下屋敷《しもやしき》で治そう。

今日もジャージャーメンか。しゃあないな。

社屋を遮音《しゃおん》して謝恩会をもよおす。

釈迦《しゃか》三尊をシャカシャカ磨《みが》く。

釈迦如来《にょらい》がしゃがみこみ、釈迦牟尼仏《むにぶつ》がしゃかりきになる。

シャキシャキ、シャキッと写経《しゃきょう》する。

ジャグジーに入っている弱者、綽々《しゃくしゃく》。

借地に残された蛇口《じゃぐち》。

若輩者《じゃくはいもの》の吹《ふ》く尺八《しゃくはち》。

しゃこたんから聞こえるシャコンヌ。

奢侈《しやし》を極《きわ》める社寺。
借家の芍薬《しやくやく》。
ジャクラーから週刊誌を借覧。
シャケを抱《かか》えて歩く舎兄。
いつもジャスミン茶を注文するジャズメン。
問題を惹起《じやつき》したジャッキ。
しゃっくりのためにジャッグルした。

いや、なかなか楽しいのではないでしょうか。いくらでも作れそうですが、これくらいでやめておきましょうか。
「組み合わせの妙」という表現がありますが、例えば「しゃこたん」は車高を低く（＝短く）改造した自動車のことで、「シャコンヌ」は三拍子《さんびょうし》のゆるやかなダンス曲のことです。それぞれの語が使われそうな「場面」を思い浮かべると、ちょっと愉快《ゆかい》な気持ちになりませんか。

次女
地所で
自署した
辞書をひく
次女

使われる「場面」が異なる語を組み合わせると、そうした、思わず「くすっ」としてしまうような味が出ます。逆にいえば、普通は組み合わせられないような語だからこそ、「くすっ」がでてくるわけです。

テレビの画面からは選手がしゃっくりをしたかどうかはわからないでしょうが、プロ野球を見ていて、ショートがゴロをジャッグル（うまくボールをとらえきれず、グラブの中でお手玉のようにはずませてしまうこと）した時に、もしかしたら「しゃっくりでジャッグル？」などとあらぬ妄想《もうそう》にふけるのもおもしろいかもしれません。

「抜《ぬ》け感」という語を聞いたことがあるでしょうか。「新語に強い」ことを謳い文句にしている『三省堂国語辞典』（第七版）も、まだこの「ヌケカン」を見出しにしていません。ファッションなどで、全体をあまり統一しすぎないで、一箇所《かしょ》だけ、少しはずしたような色やものを入れることをいいます。フォーマルすぎないように、少しカジュアルなものを入れるといったような感じですね。

おやじギャグも「抜け感」だ、というと、少しおやじギャグを褒《ほ》めすぎのような気もしますが、そうした表現をほんの少し、あるいは時々入れることによって、表現全体の幅がでてくるということはあると思います。

言語を使うにあたっては「遊び心」も大事です。そして、そういうことは案外と「練習」しにくいことでもあります。常日頃《つねひごろ》から、自分の中の「遊び心」「詩心」を育てていくということも語彙力を豊かにするためには大事ではないでしょうか。

回文を作って遊ぶ

辞書の見出しを逆からよむと、それがちゃんと語になっている場合があります。例えば「サイガイ（災害）」を逆からよむと、「イガイサ（意外さ）」となりますし、「ケッソウ（血相）」を逆からよむと「嘘《うそ》つけ」になるし、「コメソウドウ（米騒動）」を逆からよむと「ウドウソメコ」となりますが、これを「有働染子《うどうそめこ》」と書くと、人の名前のようになります。「有働染子の米騒動」なんだか意味はわかりませんが、そこには目をつぶるとすれば、これはもう回文になっています。

「災害の意外さ」これも回文ですね。文といえるような長さとまとまり、そして意味がある程度通っていること、となるとなかなか簡単には作れませんが、右のぐらいであれば、誰《だれ》でもすぐに作ることができるでしょう。

回文を作ろうとすると、上から発音している語を下から発音するといったような、ふだんとは違うことをすることになります。ふだんと違うことをすると、何か気づくこともあるはずです。「小娘の召す婿（こむすめのめすむこ）」「美代子の暦（みよこのこよみ）」「今回は行かん子（こんかいはいかんこ）」「点子のコンテ（てんこのこんて）」これらはいずれも回文になっています。「いよっ、底意地は爺《じい》こそ強い」できはもう一つですが、だんだんと長い回文を作ってみると、いろいろと気づくことがあるでしょう。

回文を作ろうとすると、何より音に敏感になります。というよりも、一つ一つの語が音からできているのだということを「実感」することができます。語を音の単位まで解体するといったような感覚でしょうか。語がばらばらになって、音になると、なんだか固かった頭が少しやわらかくなったような気がしてきませんか。かちかちの頭では、語を吸収することができません。

雑誌『青鞜《せいとう》』の発刊にあたって、平塚《ひらつか》らいてうが「元始、女性は実に太陽であった」

いごのたしに
したのごい

と書いたことはよく知られていると思います。これになぞらえていえば、「元始、ことばは音であった」とでもいえばよいでしょうか。時には「元始」に戻って、ことばの音に耳をすませてみるのもいいのではないでしょうか。

第4章

語彙力を豊かにする「ほんとうの王道」

WORLDLY WISDOM
FOR 14 YEARS OLD

「書く」は「読む」に支えられている

「書く」「読む」「話す」「聞く」が言語を使う四つの能力です。「書く」と「話す」とは自身が「発信者」となる行為《こうい》で、「読む」と「聞く」とは自身が「受信者」となる行為です。

友達と話しはするけど、自分は一言も話さずにもっぱら聞き役になる、という人はいないでしょう。また本は読むけど、自分では何も書かない、という人もいないでしょう。「書く／読む」「話す／聞く」はいわばセットになっています。

そして、「書く／読む」は「かきことば」の運用、「話す／聞く」は「はなしことば」の運用です。前にも述べたとおり、「はなしことば」はいつのまにか身につきます。「自然習得」できるのです。しかし、「かきことば」はそうはいきません。「かきことば」は努力して習得しなければなりません。

まず、「かきことば」で使う文字を習得し、次に、語を習得し、というように少しずつ学習していきます。そして日本の場合それはおもに学校教育で行なわれています。「かきことば」は「はなしことば」に支えられていますが、でも違《ちが》うものです。違うものなのだから、「話す」練習をすれば「書く」ことも同時に上手《じょうず》になる、というわけにはいきません。「かきことば」の一つの技能である「書く」力を鍛《きた》えるためには、「かきことば」のもう一つの技能である「読む」力に手伝ってもらうのがよさそうです。

読書についての本はたくさんあります。名作のリストのようなものもたくさん出版されています。しかし、そうした本の多くは、「読む」ということについて主に述べています。それはそれでもちろんいいのですが、ここでは「書く」と「読む」とをもう少し積極的に結びつけてみましょう。

名作を細かく読む

太宰治《だざいおさむ》の「走れメロス」は中学校の教科書によく採りあげられています。「定番」といってもいいでしょう。この作品によって「登場人物の生きかたや考えかたについて、自分の考えや意見をもつ」という学習目標が掲《かか》げられることがあります。

「走れメロス」の登場人物といえば、まずは「メロス」、そして暴君の王「ディオニス」、「メロス」の友人の石工「セリヌンティウス」、「セリヌンティウス」の弟子《でし》の「フィロストラトス」、「メロス」の妹、その「花婿《はなむこ》」、そして「かわいい娘《むすめ》」でしょうか。「走れメロス」にはもとになった作品があるともいわれていますが、とにかく右にあげた「登場人物」は作者である太宰治がつくりあげた「人物」であって、実在の人物ではありません。その太宰治のつくりあげた「人物」の「生きかたや考えかたについて」考えてみましょう、ということなのです。筆者などは、いいも悪いもないのでは?と思ったりもしますが、それはそれとしておきましょう。

さて、「登場人物の生きかたや考えかたについて」考えるということは、作品の内容について考えるということでもあります。

もっと細かくとらえることはできないでしょうか。一つの文学作品は幾《いく》つかの段落からできています。作品を読む時に「段落分け」をしたことがあるでしょう。その段落は幾つかの文から成り立っています。幾つかの（まとまりのある）文を「文章」と呼びます。そうすると、一つの「文」が集まって、「文章」ができ、その「文章」が幾つかまとまって「作品」ができている、ということになります。

ここでは一つ一つの「文」をじっくりと観察し、「文」と「文」とがどのように「文章」になっていくか、というような、「細かい読み」をしてみたいと思います。

中でも一つの「文」がどのような語から成り立っているか、「文」と「文」とはどのようにつながっていくか、というところが注目点です。『富嶽《ふがく》百景』（一九四三年、新潮社）に収められている「走れメロス」の一部分を引用しましょう。原文はいわゆる「歴史的かなづかい」で書かれていますが、現代仮名遣《かなづか》いに換《か》えて引用します。

聞いて、メロスは激怒《げきど》した。「呆《あき》れた王だ。生かして置けぬ。」

メロスは、単純な男であった。買い物を、背負ったままで、のそのそ王城にはいって行った。たちまち彼《かれ》は、巡邏《じゅんら》の警吏《けいり》に捕縛《ほばく》された。調べられて、メロスの懐中《かいちゅう》からは短刀が出て来たので、騒《さわ》ぎが大きくなってしまった。メロスは、王の前に引き出された。

「この短刀で何をするつもりであったか。言え！」暴君ディオニスは静かに、けれども威厳《いげん》を以《もっ》て問いつめた。その王の顔は蒼白《そうはく》で、眉間《みけん》の皺《しわ》は、刻み込《こ》まれたように深かった。

「市を暴君の手から救うのだ。」とメロスは悪びれずに答えた。

「おまえがか？」王は、憫笑《びんしょう》した。「仕方のないやつじゃ。おまえなどには、わしの孤独《こどく》の心がわからぬ。」

「言うな！」とメロスは、いきり立って反駁《はんばく》した。「人の心を疑うのは、最も恥《は》ずべき悪徳だ。王は、民《たみ》の忠誠をさえ疑って居《お》られる。」

「疑うのが、正当の心構えなのだと、わしに教えてくれたのは、おまえたちだ。人の心は、あてにならない。人間は、もともと私欲《しよく》のかたまりさ。信じては、ならぬ。」暴君は落着《おちつ》いて呟《つぶや》き、ほっと溜息《ためいき》をついた。「わしだって、平和を望んでいるのだが。」

「なんの為《た》めの平和だ。自分の地位を守る為めか。」こんどはメロスが嘲笑《ちょうしょう》した。「罪のない人を殺して、何が平和だ。」

例えば、「たちまち彼は、巡邏の警吏に捕縛された」という一文に注目してみましょう。中学校の教科書であれば、「ジュンラ（巡邏）」に注が付きそうです。「邏」はもちろん常用漢字表にも載《の》せられていませんが、〈みまわる〉という字義をもっています。「巡」の字義も〈みまわる〉ですから、漢語「ジュンラ（巡邏）」の語義は〈みまわる＋みまわる〉で〈みまわる〉ですね。「ケイリ（警吏）」は……なんと、『三省堂国語辞典』第七版に見出しとなっていません！　つまりそれだけ現代においては使われそうもない語だということです。この語にも注が必要かもしれませんね。「警吏」は「ケイサツカンリ（警察官吏）」の省略形で、今でいえば「ケイカン（警官）」のことです。「ホバク（捕縛）」は現在でも使う語なので、語義はおわかりかもしれません。〈捕《と》らえて縛《しば》ること〉ですね。

こうやって、少し丁寧《ていねい》に使われている語を調べてみると、いろいろと思うことがあります。

まず、太宰治は「ケイリ（警吏）」という語をどの程度理解して使っただろう、ということです。「走れメロス」の冒頭《ぼうとう》ちかくに「シラクスの町」とあります。この「シラクス」はイタリアのシチリア島南東部にある「Siracusa」（シラクサ／シラクーザ）だと考えられています。仮にそれはそうだったとしましょう。時代設定はいつなんでしょうか。なんとなくギリシャ時代のような気がしていませんか。教科書の挿絵《さしえ》で、そんなかっこうをしたメロスを見た記憶《きおく》があります。そうだとすると、そんな時にそういう場所に、「ケイサツカンリ（警察官吏）」と呼ばれるような人がいたはずがありません。警察組織はなかったはずです。

「いやいや、そんな揚《あ》げ足取りみたいなことを言っても……」と思われるかもしれません。しかし、筆者は、こういうところが妙《みょう》に気になります。そして、だからこれは「作り話」なのだ、と改めて思います。

さて、この一文に使われている三つの漢語「ジュンラ（巡邏）」「ケイリ（警吏）」「ホバク（捕縛）」はなめらかに並べられていると感じます。「なめらかに」は「自然に」ということでもあります。つまり、筆者の表現でいえば、「語同士の調子が整って」います。この三つの漢語は太宰治の「心的辞書」からすっと引き出されたように思います。

警吏が
捕縛

引用した箇所《かしょ》は、王の発言とメロスの発言をいわゆる「地の文」がつなぐようなかたちで成り立っています。二人の発言は当然「はなしことば」のように仕立てられていま す。一方、「地の文」は「かきことば」として書かれているはずです。当然それぞれを構成する語の選択《せんたく》が変わってきます。

説明をわかりやすくするために、「地の文＝かきことば＝固い」「会話＝はなしことば＝やわらかい」という単純な枠《わく》組《ぐ》みをつくってみましょう。

そうすると、「調べられて、メロスの懐中からは短刀が出て来たので、騒ぎが大きくなってしまった」という一文の「騒ぎ」が気になります。ここは「地の文」なので、漢語「ソウドウ（騒動）」のほうが「ジュンラ（巡邏）」「ケイリ（警吏）」「ホバク（捕縛）」と調子が合っているように思います。しかし、太宰治は和語「サワギ」を選んでいます。

このことからすると、太宰治は作品全体をやや「やわらかく」仕上げようとしていたのではないだろうか、という推測ができそうです。「やわらかく」を子供向けというと言い過ぎかもしれませんが、そんな感じです。その結果、作品が書かれてからずいぶん時間が経過していますが、中学校の教科書に採りあげられるような「わかりやすさ」をもった作品になったのではないでしょうか。

王は、憫笑した。
こんどはメロスが嘲笑した。

「ビンショウ（憫笑）」は〈あわれんで笑うこと〉で、「チョウショウ（嘲笑）」は〈あざけりわらうこと〉ですが、王が「ビンショウ（憫笑）」すれば、メロスが「チョウショウ（嘲笑）」する、ということで表現がきちんと呼応しています。これが「王は、憫笑した」「こんどはメロスがあざ笑った」では「こんどは」が効いてこないわけです。
「文学作品を読む」といった場合、通常は「何が書かれているか」を読むでしょう。「内容を読む」といえばいいでしょうか。登場人物は誰《だれ》か。それらの登場人物はお互《たが》いにどうかかわりをもっているか。どんな話が展開しているか。作品のテーマはどんなことか。作者はこの作品で読者に何を訴《うった》えようとしていたか。こういうことを「読む」のだと思います。

これはまだ、ぎりぎり読者が作品の「外」にいるといえるでしょうが、「登場人物の生きかたや考えかた」がどうかを考えるのは、だいぶ「内」に入り込んでいるように思います。そのような読みかたが悪いとまで主張するつもりはありませんが、こうした読みかたは、語彙《ごい》力を豊かにする読みかたとはいえないでしょう。

それでは語彙力を豊かにする読みかたとはどのような読みかたでしょうか。

それはやはり、一つの文を構成している語に注目する読みかたです。もっといえば、どうしてこの語が選ばれたかを想像する読みかたです。そして、Aという語を選び、次にどうしてBという語を選んだのかな?と考え、想像する読みかたです。そして、この一文の次にどうしてこういう文を置いたのだろう、と想像し、考える読みかたです。

そうやって、一生懸命《いっしょうけんめい》、想像し、考えてもわからないことが多いでしょう。あるいはほとんどわからない、ということになるかもしれません。それでも、時々でもいいですから、そうやって、文を細かく分析《ぶんせき》しながら読んでみてください。そんな読みかたじゃ、内容が頭に入らないよ、あるいはそんな読みかたじゃ読んでる気がしない、と思われるかもしれません。だから、いつもとはいいません。時々でいいのです。作者になりきって、あるいは作者の気分になって、語を選ぶ側になってみましょう。それが語彙力を豊かにする読みかたです。

先に「騒ぎが大きくなってしまった」は「騒動が大きくなってしまった」のほうがいいのではないか、というようなことを述べました。文豪《ぶんごう》太宰治の文を直すというのは、大胆《だいたん》きわまりないことです。しかし、語彙力を豊かにするためには、いろいろなことをやってみるのがよさそうです。思い切って、名作といわれている文学作品を書き換えてみましょうか。これも練習の一つです。

名作を書き換えてしまえ！　オレ流トロッコ

あくまでも語彙力を豊かにするための練習ですから、何か「目標」をつくっておきましょう。語彙力を豊かにするために大事なことは、語と語とのつながりを意識すること、それによって一文を構成する語の「調子」をそろえることです。子供向けの文章を「固い」文章に書き換える、あるいは「固い」文章を「やわらかい」文章に書き換える、のはそうした「調子」をそろえる練習になります。しかし、そのような「目標」をつくって実際に書き換えをしてみると、いろいろなことがわかります。それについては後に述べることにします。

芥川龍之介《あくたがわりゅうのすけ》の「トロッコ」は、全体はむしろやわらかい書きぶりといえるでしょう。しかし、作品の末尾《まつび》、特に最末尾の五文は「固い」調子になっています。その少し前から書き換えて「オレ流トロッコ」にしてみましょう。まずはもともとのかたちを引用しておきます。

彼の家《うち》の門口《かどぐち》へ駈《か》けこんだ時、良平はとうとう大声に、わっと泣き出さずにはいられなかった。その泣き声は彼の周囲《まわり》へ、一時に父や母を集まらせた。殊《こと》に母は何とか云《い》いながら、良平の体を抱《かか》えるようにした。が、良平は手足をもがきながら、啜《すす》り上げ啜り上げ泣き続けた。その声が余り激しかったせいか、近所の女衆も三四人、薄暗《うすぐら》い門口へ集って来た。父母は勿論《もちろん》その人たちは、口口に彼の泣く訣《わけ》を尋《たず》ねた。しかし彼は何と云われても泣き立てるより外《ほか》に仕方がなかった。あの遠い路《みち》を駈け通して来た、今までの心細さをふり返ると、いくら大声に泣き続けても、足りない気もちに迫《せま》られながら、…………

良平は二十六の年、妻子と一しょに東京へ出て来た。今では或《ある》雑誌社の二階に、校正の朱筆《しゆふで》を握《にぎ》っている。が、彼はどうかすると、全然何の理由もないのに、その時の彼を思い出す事がある。全然何の理由もないのに？――塵労《じんろう》に疲《つか》れた彼の前には今でもやはりその時のように、薄暗い藪《やぶ》や坂のある路が、細細と一すじ断続している。…………

では、書き換えてみます。

良平は自分のうちにかけこんだ時に大声でわっと泣き出した。泣き声があまり大きかったので、彼のまわりには父や母が集まってきた。母は「どうしたんだい」などといいながら、良平の体を抱《だ》きかかえるようにした。しかし、良平は手足をばたばたさせて、いっそう大きな声で泣き続けた。その泣き声を聞きつけて近所の人たちが三、四人、集まってきた。父母も近所の人も良平がなぜ泣いているかをたずねた。しかし、彼は答えることができなかった。遠いみちを自分のうちまでずっとかけ通してきた時の心細さは、簡単にはことばにできなかった。そして、その心細い気持ちを思い出すと、いくら泣いても足りないような気持ちになったのだった。

良平は二十六歳《さい》の時に、妻子と一緒《いっしょ》に東京へ出て来た。今ではある雑誌社で校正の仕事をしている。どうかすると、まったく理由がないのに、その時の事を思い出すことがある。東京での生活にくたびれた良平の前には、今でもその時のように、薄暗い藪や坂のあるみちが細々と続いているように感じることがある。

書き換えてみるとすぐにわかるのですが、やはり最後の五つの文を書き換えることがきわめて難しいのです。特に「が、彼はどうかすると、全然何の理由もないのに、その時の彼を思い出す事がある。全然何の理由もないのに？」の箇所をわかりやすく書き換えることが難しく思います。二度目の「全然何の理由もないのに？」は芥川龍之介が自身で「全然何の理由もないのに、その時の彼を思い出す事がある」と書きながら、それに対して疑問を示しています。書き換えることが難しいということは、そこに芥川龍之介の「工夫《くふう》」がある、ということです。そして最後の一文はさらに難しいですね。しかたがないので、右のように書き換えてみましたが、説明しすぎて「へぼな感じ」になってしまっています。

もともとの書き換えの「目標」は「調子」を換えてみることでした。わかりやすく書き換えたわけです。しかし、それがうまくできない箇所があることがわかりました。その箇所こそが、この作品のポイントであるようにみえます。簡単には説明できないこと、それこそが「文学作品」だというと言い過ぎでしょうか。

全体の「調子」を別の「調子」に換えてみる。そうすると、それがあまりうまくできない箇所がある。そこには何らかの「しかけ」あるいは「飛躍《ひやく》」があるからだと筆者は感じます。

名作を書き換えてしまえ！　超《ちょう》難解ブレーメンの音楽隊

グリム童話の「ブレーメンの音楽隊」をご存じの方は多いでしょう。先には芥川龍之介の「トロッコ」をわかりやすく書き換えてみたので、今度は逆に絵本などになっている「ブレーメンの音楽隊」を超難解に書き換えてみましょう。内容はわかっている方が多いと思いますが、飼い主から疎《うと》まれるようになったロバが音楽隊に入ろうとブレーメンへ旅をする途中《とちゅう》で、同じような境遇《きょうぐう》になったイヌ、ネコ、ニワトリとともに旅をする、というような話ですね。ここでは「超難解版」だけを示してみます。

昔日《せきじつ》、一人の男が驢馬《ろば》を一頭飼育していた。驢馬は長期にわたって、懸命に労働に従事してきた。毎日、重荷を水車小屋まで運搬《うんぱん》していたが、驢馬も頽齢《たいれい》となり、近時は重荷の運搬がかなわなくなってきた。

すると、男は「この穀潰《ごくつぶ》しめ！」と言い、驢馬に飼料を与《あた》えなくなった。

驢馬は悲嘆《ひたん》にくれた。「今日まで継続《けいぞく》して労働に従事してきたにもかかわらず、このような仕打ちを受けるとは……」

しかし、悲嘆にくれていても活路を見いだすことはできない。

このままでは従容《しょうよう》として死を受け入れることになる。

驢馬はそれは絶対に受け入れがたかった。

「よし！　ブレーメンに赴《おもむ》き、音楽隊に入隊させてもらおう」

驢馬は音楽をことのほか好んでいた。

ブレーメン行きを決意すると、驢馬はすぐに小屋から出発した。

暫時《ざんじ》進むと、老犬が路傍《ろぼう》で荒《あら》い呼吸をしながら蹲《うずくま》っていた。

「どうした？　そのような荒い呼吸をして？」

「聞いてくれ！　吾輩《わがはい》は老齢となり、獲物《えもの》の追跡《ついせき》が不可能になった。すると主人は『この老いぼれめ！』と言って、吾輩の殺害《さつがい》を企《くわだ》てたのだ。それ故《ゆえ》、必死で逃亡《とうぼう》をはかったのだ」

「では、わたしとともにブレーメンに赴かないか」

老犬は殺害を避《さ》けるために、一緒にブレーメンに向かうことにした。

また暫時進むと、今度は老猫《ろうびょう》が悄然《しょうぜん》として蹲っていた。

「どうした？」

「吾輩は老齢で、歯が脱落《だつらく》し、ネズミを捕獲《ほかく》することが不可能になった。するとおかみさんは『この老いぼれめ！』と言って、吾輩を放逐《ほうちく》したのだ」

「では、我々とともにブレーメンに赴こう！」

老猫はあてどもないので、一緒にブレーメンに向かうことにした。

また暫時進むと、雄鳥《おんどり》が号泣《ごうきゅう》していた。

「どうした？　何故《なにゆえ》号泣している？」

「今日、肉汁《スープ》にされることに決定しているのだ」

「では、我々とともにブレーメンに赴こう！」

雄鳥は肉汁にされるよりはましだと思量し、皆《みな》とともにブレーメンに赴くことにした。

驢馬と老犬と老猫と雄鳥はともにブレーメンに赴いた。

しかしながら、ブレーメンは遠隔《えんかく》の地であったため、一日では到着《とうちゃく》することができなかった。

森の中で、夜になり、一行は一夜の宿泊《しゅくはく》地を探索《たんさく》した。

遠方の灯火《とうか》が視界に入ったので、一行はその灯火を目標にして歩行を継続した。

すると小家が見えてきた。

ここからが山場かもしれませんが、このあたりまでにしておきましょうか。文章を「固く」するのですから、基本的には「難しい語」に置き換えていくことになります。「ロバは悲しくなりました」を「驢馬は悲嘆にくれた」に、「としとったイヌ」は「老犬」に、「えものをおいかける」は「獲物の追跡」に、というように、和語を漢語に置き換えるという方法がまずあります。このようにすることによって、知っている和語と対応しそうな漢語は何か、ということを意識するようになるはずです。

漢語の語義を国語辞書で調べるのは簡単ですが、和語と対応しそうな漢語を国語辞書を使って探すことは案外と大変かもしれません。なぜなら、見出しとなっている和語の説明に漢語が使われることはあまり多くないからです。国語辞書は見出しとなっている語の語義の説明をしているので、語義をわかりやすく説明します。和語を、その和語よりも「固い」漢語を使って説明することはなさそうだ、ということです。もしも辞書類を使って、「超難解」書き換えをするのであれば、類義語辞典などをうまく使うのが効果的でしょう。

しかし、和語同士でも「固い」「やわらかい」はありそうです。「ブレーメンに行く」を右では「ブレーメンに赴く」に書き換えてみました。和語「オモムク」には〈ある方へ行く〉という語義があります。「イク（行）」よりもやや「固め」の語ではないでしょうか。

「固い」語を「やわらかく」換え、「やわらかい」語を「固く」換える。こういうことが自由自在にできるようになれば、もう語彙力名人といっていいでしょう。固い漢語をみたら、ああこれはあの和語で置き換えても大丈夫《だいじょうぶ》だな、とか、やわらかい和語をみたら、これはあの漢語に換えると、表現がぐっと固くなり、「かきことば」らしさが増すな、とか、そういうことがすぐに思い浮《う》かぶようになればもう大丈夫です。「心的辞書」

ブレーメンに赴こう！
ブレーメンに行くの？

はかなり強力なものになっているはずです。

さあ、さらに進んでみましょう。

次は詩を使って語彙力を豊かにする、ということを考えてみましょう。

詩を読んで、連想力をつける!

新川和江《しんかわかずえ》に「わたしを束ねないで」という詩作品があります。中学校の教科書にも載せられていることが多い作品です。その最終連は次のようになっています。

わたしを区切らないで
，《コンマ》や．《ピリオド》　いくつかの段落
そしておしまいに「さようなら」があったりする手紙のようには
こまめにけりをつけないでください　わたしは終《おわ》りのない文章
川と同じに

はてしなく流れていく　拡《ひろ》がっていく　一行の詩

この作品は「わたし」を自由にして、という「内容」にみえますが、「わたしは終りのない文章」であり「川と同じに」「はてしなく流れていく　拡がっていく　一行の詩」であるといった時に、それは同時に、詩が川のようにはてしなく流れ、拡がっていくということも述べていることになります。「わたし」が自由であると同時に、「詩」も自由であり、はてしなく拡がるものなのです。「わたし」がレッテルを貼《は》られたくないのと同じように、詩もレッテルを貼られたくないのではないでしょうか。

大正時代末期から昭和初期にかけて積極的に活動した萩原恭次郎《はぎわらきょうじろう》という詩人がいます。その萩原恭次郎の『死刑《しけい》宣告』という題名の詩集に次の作品が収められています。

日比谷《ひびや》のベンチで

日比谷のベンチで

雪と愛が悲しいSの字を描《えが》いてゐる
青い魚がどこともなく泳いで
空に寒い街並みが映つてゐる
頭の中に恋人《こいびと》の欧文《おうぶん》字があつた
棄《す》て、ある蜜柑《みかん》の皮は自らを嘲笑《あざわら》ふ赤い舌である！

「何これ？」と思った方もいるでしょう。決してわかりやすい詩ではないと思います。しかし詩が「わかる」とはどういうことでしょう。「内容が理解できることじゃない？」と思われた方、では詩の「内容が理解できる」とはどういうことでしょう。ここではそういうことから少し離《はな》れて、詩を構成していることば＝語そのものに目を向けてみることにしましょう。そして、そうすることによって、いろいろなことば＝語へ「飛躍」していってみましょう。

「日比谷のベンチで」という題名の作品で、第一行目にも「日比谷のベンチで」とあります。この「日比谷」はおそらく日比谷公園ということなのだと思いますが、他の地名を入れてみるとどうでしょう。「神宮外苑《じんぐうがいえん》のベンチで」「明治神宮《めいじじんぐう》のベンチで」「代々木《よよぎ》公園《こうえん》のベンチで」「新宿御苑《しんじゅくぎょえん》のベンチで」「井《い》の頭公園《かしらこうえん》のベンチで」どれでもよさそうです。しかし、それぞれの場所に対して、皆さんが持っている「イメージ」というものがあり、その「イメージ」によって、それぞれの表現は少しずつ異なった印象を与えるかもしれません。

では「公園のベンチで」とするとどうでしょう。ちょっと一般《いっぱん》的すぎて「イメージ」がわかなくなりませんか。それでも何かを思い浮かべようとすると、自分の知っている公園を思い浮かべるのではないでしょうか。つまり、詩を読むということには、自分の経験がどうしてもかかわってくるようです。そうすると、十人いれば十人違う読みかたをすることになります。

まずはそれでいいのだろうと思います。詩を楽しく、幅広《はばひろ》く読むためには、自分の経験が幅広い必要があるかもしれません。「経験」は実際の経験だけをいうのではありません。本を通して得た「経験」でもいいわけです。「トムソーヤの冒険《ぼうけん》」を読んで、川で大ナマズを釣《つ》り上げる「経験」をしてもいいのです。そうした「経験」は本を通しているのですから、ことばを通して得られた「経験」です。それは「心的辞書」にも蓄積《ちくせき》されることになります。

自分の「経験」「イメージ」を使って詩作品を読む、少し丁寧に詩作品を読むことによって、ことばの「経験」がひろがり、「心的辞書」が強化され、語彙力が豊かになる、ということがありそうです。

さて、もしも「日本のベンチで」と表現したら、すぐに「アメリカのベンチで」とか「中国のベンチで」ということと「並んだ」内容が展開する、と思うのが自然です。つまり、アメリカのベンチではどうかとか中国のベンチではどうかといったことが、たとえ詩には表現されていなかったとしても、そういうことをどこかに漂《ただよ》わせながら「日本のベンチで」のことが展開することを期待したくなります。ことばは、書かれていないことも同時に想像させることができるのです。

二行目もわからないですね。「雪と愛が悲しいSの字を描いてゐる」っていわれても……。だいたい「悲しいSの字」って何でしょうか。「悲しいLの字」はあるのでしょうか。いやいや、Lはあんまり悲しそうではないとか、悲しいのはZのような気がするとか、いろいろな意見がありそうです。筆者が思うのは、悲しい「G」の字とか「B」の字とかはなさそうだ、ということです。筆者の感覚では、悲しいアルファベットは一筆で書く文字のような気がするからです。あと、あまり角張っている文字はだめじゃないかと思います。「W」はたぶん悲しくはないでしょう。そんな根拠《こんきょ》のないことを、と思われる方もいるかもしれませんが、時には根拠のないことをあれこれと想像することも大事です。すべてが論理的に説明できるわけでもないでしょうし、複雑なことがらに立ち向かう時には「直感力」も必要だと思います。

「雪」とあるので、ベンチに雪が降り積もっているのでしょうか。それとも今まさに雪がはらはらと落ちているという情景でしょうか。二行先には「空に寒い街並みが映ってゐる」とありますから、やはり寒そうです。

「青い魚」は降り積もった雪の白さを通り越《こ》した透明《とうめい》感のある「青」でしょうか。それとも「Sの字」からの連想でしょうか。空に映る街並みは蜃気《しんき》楼《ろう》を思わせます。「雪」から「青（い魚）」へ、「魚」から海へ、海から蜃気楼へ、というように連想がひろがっていっているのでしょうか。こうした「連想」は「イメージ」が背景となって展開しているように感じます。やはり語だけを「ボー暗記」することではだめそうです。語とともに、それを使う場面やその語がもっている「イメージ」をちゃんとおさえていく必要があります。「イメージ」が自然に語を引き寄せてくれることだってあるかもしれません。語から語へ、「イメージ」から「イメージ」へ、詩作品はこうした「連想」や「飛躍」する力を鍛える格好の場です。自由に連想を飛ばすことが時には大事です。「頭の中に恋人の欧文字があつた」は前の「Sの字」と結びつくのでしょうか。「恋人」は「愛」と結びつきそうです。やっぱり、この詩の背後には、そうした「恋愛《れんあい》」にかかわる気分が漂っているようです。

そして最後の一行「棄てゝある蜜柑の皮は自らを嘲笑ふ赤い舌である！」ではそうした気分を打ち破るように、突如《とつじょ》「蜜柑の皮」がでてきます。「蜜柑の皮」はどう考えても、恋愛気分とはあいいれないものです。恋人と並んで座《すわ》っている公園のベンチで、ふと気づいたら足下《あしもと》に蜜柑の皮が落ちていたらどうでしょう。なんだ、ぶちこわしじゃないか、と思うのではないでしょうか。あるいは恋人がそれを見つけて笑い出してしまうかもしれません。そういうぶちこわしが「蜜柑の皮」です。舌のようにみえる「蜜柑の皮」の色をオレンジなどではなく、「赤」と表現したのは、ぶちこわし感を高めるためかもしれません。

この作品の内部に作者がいるのだとすれば、「自ら」には作者が該当《がいとう》するかもしれません。そしてそうだとすれば、自身を嘲笑していることになるでしょう。この作品の内部に作者がいないのだとすれば、恋愛気分を嘲笑する作品ということになるかもしれません。いずれにしても、この作品ではこの一行が大事にみえます。

じゃあ「ぶちこわし」で終わりか？ということになりますが、詩が「ぶちこわし」で終わってもいいのではないでしょうか。終わりはすべてハッピーエンドというわけにはいかないでしょう。文章を書く時には「起承転結」が大事だとよくいわれます。もちろんそうなのですが、いつもいつも「起承転結」というわけにはいかないようにも思います。固定観念から離れることによって、豊かな語彙力が身につくということはあると思います。

パロディのすすめ　なんちゃって俳句

「パロディ」とはよく知られている語句や作品などをまねておもしろく作った作品のことをいいます。夏目漱石《なつめそうせき》の「吾輩は猫である」は明治三十八年（一九〇五）の一月から三十九年（一九〇六）の八月まで雑誌『ホトトギス』に連載《れんさい》され、その後、上中下三巻の単行本として出版されています。「吾輩は猫である」の題名をまねた「吾輩は〜である」という題名の本は明治期にかなり出版されています。こうした題名は題名のパロディといえますし、内容もパロディになっている場合が少なくありません。

ここでは、堅苦《かたくる》しいことは抜《ぬ》きにして、有名な俳句作品のパロディを作ることによって、語彙力を豊かにするトレーニングをしたいと思います。やることは簡単です。使われている語を別の語に置き換えてみるのです。

1　春風や闘志《とうし》いだきて丘《おか》に立つ　　高浜虚子《たかはまきよし》

「□闘志いだきて丘に立つ」から始めましょうか。□に五拍《はく》の語を入れてみるのです。

a　夏風や闘志いだきて丘に立つ
b　秋風や闘志いだきて丘に立つ
c　夏風邪《かぜ》や闘志いだきて丘に立つ
d　春キャベツ闘志いだきて丘に立つ
e　ハルマキや闘志いだきて丘に立つ
f　バレリーナ闘志いだきて丘に立つ
g　ハロウィーン闘志いだきて丘に立つ

aだと夏の入道雲とギラギラする太陽に向かって闘志をむき出しにして立ち向かうというような感じかもしれません。bは逆に寂《さび》しい気持ちに抵抗《ていこう》するように闘志を奮い立たせるという感じかもしれません。こうしてaとbとを作ってみると、1はどのようにとらえればいいのかと改めて思うかもしれません。「闘志いだきて」と「春風」とはどのように結びつくのか。そこが1の句のポイントのように思います。ここでは俳句の読みかたを説明するのではなく、パロディを作るということですので、1をどうとらえるかは皆さんにおまかせすることにしましょう。

c、そろそろ出ました。パロディ句ですね。1なしでcがあるとすると、夏風邪を引いて弱っているのに、闘志をいだく、ということになって、意味はわからなくもないですが、なんだか変な句になります。しかし「春風や」の句があることがわかっていると、「ハルカゼ」を「ナツカゼ」に置き換えた、しかも「夏風」ではなく「夏風邪」にスライドさせたということになって、まあ「くすっ」ぐらいの笑いは誘《さそ》うかもしれません。

さあパロディなのですから、もっともっとぶっ飛んでみましょう。d「春キャベツ」をいだいて丘に立つ、この人はどうしたのでしょうか。eの「ハルマキ」もどうしたんでしょうか。fの「バレリーナ」はこれから国際的なコンクールに出るのでしょうか。

gはもっとわからないですね。これから渋谷《しぶや》に行ってひと暴れするか、みたいな感じでしょうか。

今度は「闘志いだきて」の七拍を換えてみましょう。

h　春風や投手さびしく丘に立つ

i　春風や討議に疲れ丘に立つ

j　春風や道場破りが丘に立つ

hの投手は試合で打ち込まれてしまったのでしょうか。試合の次の日に、試合のピッチングをあれこれと反省しながら、春風に吹《ふ》かれて丘に立っているのでしょうか。プロ野球なら開幕前の非公式な試合かもしれません。開幕の時に一軍入りが遠のいたのかもしれません。そこまで考えると案外と含蓄《がんちく》のある句になっているかもしれません。なんてね。

iは何の討議でしょうか。春闘をどのような方針で闘《たたか》うかの討議かもしれません。jはまたわけのわからない句です。七拍ではなく八拍にしてみました。これから丘の下のほうに見えている道場に乗り込もうというのでしょうか。眼下に江戸《えど》の町が見えてきませんか。

2　わが天使なるやも知れず寒雀《かんすずめ》　西東三鬼《さいとうさんき》

さて今度は2の句をパロディにしてみましょう。「なるやも知れず」は「であるかもしれない」ぐらいの意味です。「□なるやも知れず□」として、最初の五拍と最後の五拍とを同時に入れ換えてみましょう。

k　わが悪魔《あくま》なるやも知れず寒椿《かんつばき》

l　わが起爆《きばく》なるやも知れず夏揚羽《なつあげは》

m　わが規律なるやも知れずパスワード

kは「天使」を対義語の「悪魔」に入れ換え、「寒雀」を（悪魔のイメージにふさわ

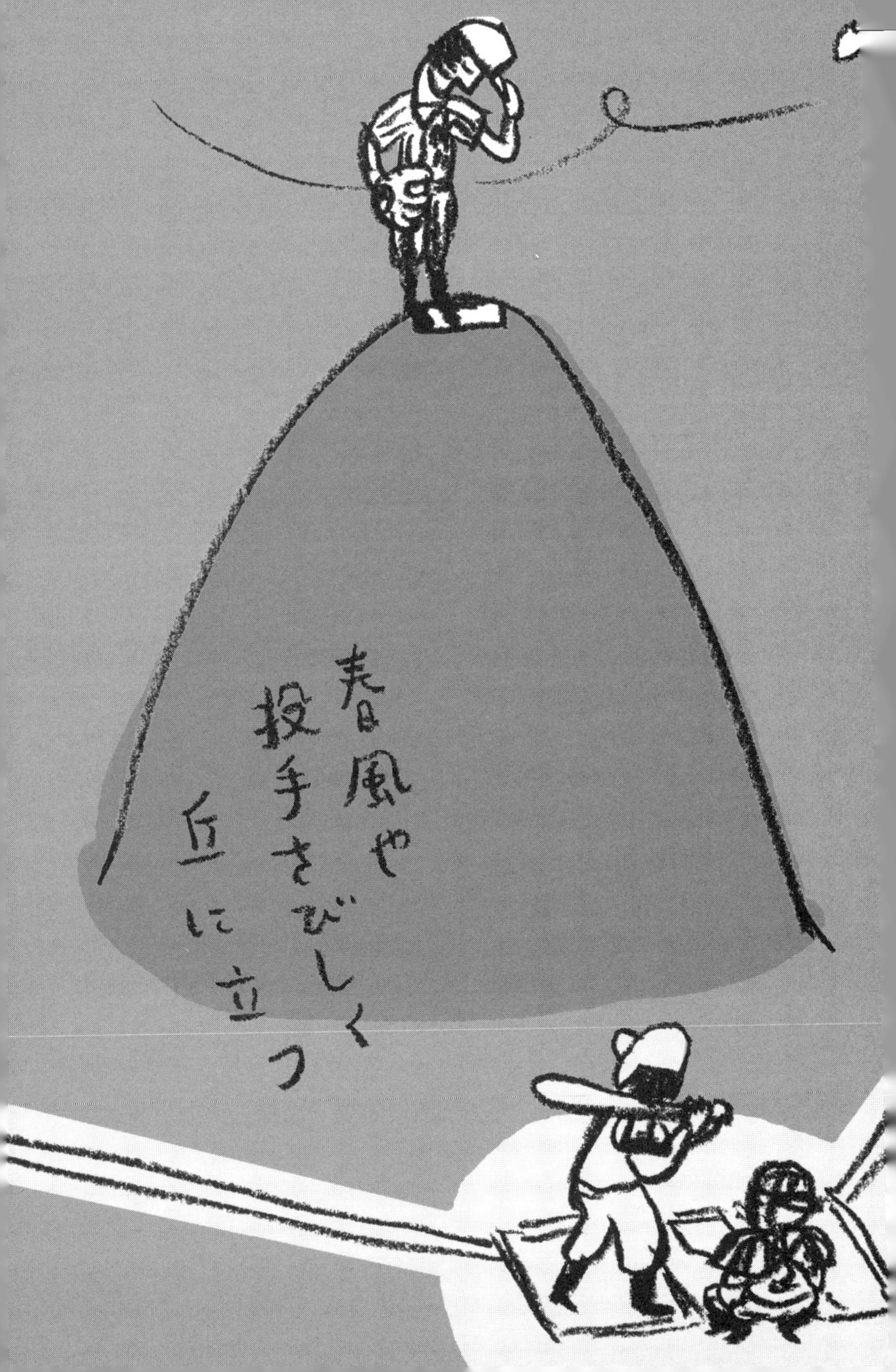
春風や
投手きびしく
丘に立つ

しいかどうかはわかりませんが、そういう気持ちで）「寒椿」に入れ換えてみました。lもわけがわからないといえばわけがわかりません。夏空を背にしてひらひらと飛ぶ夏揚羽が、突如として自分の「起爆剤《ざい》」になるというような「イメージ」ですが、寺山修《てらやましゅう》司《じ》風を少し意識してみました。

mもわからないですね。現在はパソコンを使って何かしようとすると、必ずユーザーIDとパスワードが必要になります。それをきちんと覚えていないと、何もできなくなることが少なくありません。そうすると、どんなに無頼《ぶらい》な生活をしている人であっても、パソコンを使うのであれば、それをいわば律儀《りちぎ》に覚えておかなければなりません。そんな気分がmかもしれません。

さて、どうでしょうか。こういうトレーニングなら簡単だと思われた方も多いのではないでしょうか。有名な俳句の語を別な語に入れ換えてパロディ俳句を作ってみる。少しぐらいわけのわからない句になってもいいじゃないですか。いろいろやっているうちに、「おお！」というようなすばらしいパロディ句ができることもあるでしょう。まずはいろいろとやってみることです。

ことばで遊ぶことによって、語彙力は確実に豊かになります。大事なのは自由な気持ち、ことばと楽しく付き合うという気持ちです。そしてパロディを作る場合は、特に意味がしっかりと通っていることよりも、音がちかいとか、なんとなくいい「イメージ」だとか、そういうことを大事にしてみてください。ことばの感性を磨《みが》くといえばよいでしょうか。背伸《せの》びして「うれしゅうございます」なんて言ってみても、語彙力が豊かになったことにはならないと思います。ことばを動かす力、ことばに揺《ゆ》さぶりをかける勇気、そうしたものが大事です。

語彙力を豊かにするとどんなよいことがあるのか？

ここまで手持ちの語を増やし、語彙を強化し、その語彙を使って豊かな言語生活をするということについていろいろな面から述べてきました。豊かな言語生活をする、ということが語彙力を豊かにするということと同じです。

人間はことばによって人間をとりまく「（外の）世界」をとらえています。ことばがなければ、そこには何もない、といってもいいかもしれません。そうだとすると、語彙力が豊かな人は、「(外の)世界」をきめ細かにとらえていることになります。

ウマに興味がない人はウマはウマだ、と思っているでしょう。しかし、ウマが身近にいれば、あるいはウマとともに生活を送っていれば、ウマを細かく観察するようになります。そうすると、あのウマは〈足が速くて優《すぐ》れた馬〉だけれど、このウマは〈足が遅《おそ》くて劣《おと》った馬〉だ、というようなことがわかります。日本語では「足が速くて優れた馬」「足が遅くて劣った馬」というように「説明」しますが、中国語では、「駿《しゅん》」と「駑《ど》」という語でそれぞれをあらわします。この場合は、中国語のほうが日本語よりもウマをきめ細かにとらえているということになります。

ただ、こういう話になると、すぐに、じゃあ中国語のほうが日本語よりも優れているのだ、というように思ってしまう人が必ずいます。しかし、これはウマに関してのことをいっているだけで、他の動物や他のことがらについては、また違った状況《じょうきょう》になります。一つのことだけで、何かを言うことはできないことが多いでしょう。

今の話を使えば、こういうことを知ると、ことばが世界をとらえているという「感覚」がちょっとわかってきます。そうなれば、語彙力を豊かにするということが、おおげさにいえば人生を豊かにする、ということにつながってきそうだ、ということもわかるのではないでしょうか。

そして、こうした「原理」を知ることも大事です。「原理」をおさえてしまえば、その「原理」にしたがって、ずっとそれを継続していくことができます。「語彙」とはどういうことか、「語彙力を豊かにする」というのはどういうことか、そのためにはどうすればいいのか、ということをはやいうちに理解し、豊かにする方法を身につければ、大人になるまで、いやなってからも、ずっとその「原理」を使って、語彙力を豊かにし続けることができます。これまでも繰《く》り返し述べてきましたが、大事なのは「ボー暗記」ではなくて、「原理を知ること」「方法を身につけること」です。

そして、これも繰り返し述べてきましたが、せっかく語を記憶しても、どういう場面で、どういうように使えばいいか、がわかっていなければ、実際に覚えた語を使うことはできません。おもしろいけれど、絶対にそういう風には使わない例文を使って語を覚えるとすると、覚える時はおもしろいからどんどん語を覚えることができるかもしれませんが、実際には使えないことになります。これでは、せっかくの努力も「水の泡《あわ》」です。

例えば、バナナが好きだから、「バナナ」という語を使った例文にすれば、楽しく語が覚えられるということはあるかもしれません。しかし、「バナナをたくさん食べたので業績があがった」という例文で「ギョウセキ〈業績〉」という語を覚えた場合、この語が適切に使えるようになるでしょうか。この例文だけから推測すると、「ギョウセキ〈業績〉」はバナナを食べるとあがるもの、ということになりそうです。しかし、「ギョウセキ〈業績〉」の「業」は「事業」や「学業」の「業」で、語義は〈事業や学業の成績〉なのですから、そうした語が入っている「社員の努力で会社の業績があがってきた」というような例文とともに覚えるのが自然でもあるし、有効です。どんな語とともに使うか、ということをつねに意識しておく必要があります。

バナナをたくさん食べたので業績があがった
そんなバナナ

語彙力は一生、君を助けてくれる！

ヒトには視覚、聴覚《ちょうかく》、嗅覚《きゅうかく》、味覚、触覚《しょっかく》がそなわっています。「五感」といいますね。この五感によって、自分をとりまく「世界」をとらえています。あれ？　さっき、ことばで自分をとりまく「世界」をとらえているといったんじゃなかった？と思った方もいるでしょう。そういいました。それは、五感が感覚的にとらえたモノやコトガラをことばに置き換えて、その置き換えた形で脳内に格納していると思われるからです。ほんとうにそうかどうかはわからないといえばわからないことになりますが、そう考える人が多いということです。

そうなると、せっかく五感が鋭《するど》くても、それをうまくことば＝言語に置き換えることができなければ、格納／蓄積ができないことになります。感覚が蘇《よみがえ》るという表現もあります。だから、感覚のままに格納／蓄積することもできそうですが、ことば＝言語に置き換えておけば、時間がたってからも、その感覚を呼び出しやすそうです。

おいしい料理を食べた時、一緒に食べている人に、「これおいしいね」という。そうやって語り合うことによってその料理はさらにおいしく感じるかもしれません。そんな時に、ただ「おいしいね」と言ってももちろんいいのですが、「この味は春らしい感じがするね」とか、この食感は「雪をなめた時のようだね」とか、ことば＝言語によってもう少しきめ細かに表現することによって、おいしさは増し、食事の楽しさも増すかもしれません。テレビ番組では「食レポ」といういいかたがありますが、「食レポ」がうまくできるということは、料理にかかわる語彙力が豊かであるということです。そのことによって、料理がおいしく感じるのだとすれば、語彙力が食事をおいしくするということになります。感覚はむしろ語彙力によって増強されていくといってもいいかもしれません。

ことば＝言語の役割は他の人とコミュニケーションをはかるためだけのものではないと筆者は考えていますが、コミュニケーションをはかるために使うことは事実です。ことば＝言語によって、他の人との関係が始まり、また終わるかもしれません。失言によって、疎遠《そえん》になってしまう、ということはよくあることです。その「失言」も後から考えれば、「こういう言いかたをすればよかっただけなのに」ということもありそうです。「言いかた」はたしかにあります。同じ「内容」であっても、言いかたによって、聞き手／読み手の受け取りかたが全然異なる場合があります。これは嘘《うそ》をつくということではまったくありません。どういう視点からことがらをとらえ、それをどのように聞き手／読み手にもちかけるか、ということです。

ここでも語の選択がものをいいそうです。「だめだ」と言うのと「必ずしもよいとは思いにくい」と言うのとではちょっと感じが違いますね。結局は同じ「内容」であるにしても、「言いかた」一つでずいぶんとその後の展開が変わるということだってありそうです。

それは丁寧な話しかたを学べばなんとかなるのではないかと思われる方もいるでしょう。たしかにそういう面もあります。しかし、例えば会話であれば、その場の会話がどのように展開していくかは予測ができません。そういう意味合いではあらかじめ「仕込んでおく」ことができることは限られています。あとは、その場その場で適切な「言いかた」が選択できるか、ということになります。そうなるとやはり語彙力があるかないかに左右されることもありそうです。別の「言いかた」をしようと思っても、どんな語を使えばいいかわからなければ、そもそも「別の言いかた」が浮かばないということです。

ことばをたくさん知っているとこんなに楽しい！

回文のような表現を考えてみたり、名作の書き換えをやってみたり、パロディ俳句を作ってみたりと、いろいろなことをやってみました。

こうした、いわばはちゃめちゃなようなことは「コミュニケーション」をはかる、というようなこととはちょっと違います。ことば＝言語はコミュニケーションをはかるためのもの、と四角四面に考えてしまうと、ちょっと息苦しくなってきませんか。

正しい言葉《ことば》遣《づか》いはこうだ、敬語はこう使う、そういうことを教えてくれる本はたくさんあります。そういう本も大事です。しかし筆者は、繰り返しますが、ことば＝言語はコミュニケーションをはかるだけのものではないと考えています。人間はことばを使って遊んできたのです。「ことば遊び」といわれるようなものはどの言語にもあります。

先日海外で制作された映画を見ていたら、幼い女の子が父親と「韻《いん》ふみゲーム」をする場面がありました。「韻ふみゲーム」はその映画の字幕にあった表現ですが、例えば「plain［plein］」（明白な）であれば、［ein］という韻（rhyme）をもつ語を言うということです。「main［mein］」（主要な）や「train［trein］」（列車）がそれに該当するでしょう。幼い女の子でもこうしたゲームができるということは、常日頃《つねひごろ》、語の発音をよくきいているということだと思います。

日本ではさしずめ「しりとり」でしょうか。「韻ふみゲーム」や「しりとり」は語をさらに小さな単位に分解した上でのゲームで、語の意味＝語義は関わっていません。それだけ単純なゲームということもできますが、それだけ「根源的な」ゲームとみることもできます。

「元始、ことばは音であった」と述べましたが、語を成り立たせている音に、時には耳を傾《かたむ》けることも大事です。ばらばらになった音は飛んでいってしまうでしょうか。それとも、ばらばらなまま何かを訴えかけてくるでしょうか。

ずっと何時間も歩いてきて疲れた。疲れてへたりこんだところにちょうど田んぼがあったから、この田んぼの名前はきっと「疲れ田」だね、と言ったらおやじギャグだと笑われるでしょうか。

『古事記』の中には似たような話があります。そのおやじギャグで、場がなごんで、じゃあもう少しがんばるか、ということになるかもしれません。これも愉快《ゆかい》なことばの力、語彙力の豊かさではないでしょうか。「しゃれのきかないヤツ」という表現もあります。言語生活は論理一辺倒《いっぺんとう》で成り立っているのではありません。「遊び心」は言語生活の大事な要素です。そうであれば、語彙力を豊かにする場合でも楽しく、愉快にやってみるということは当然のことかもしれません。

本書ではやりませんでしたが、「鉄腕《てつわん》アトム」を小説に書き換えてみるとか、俳句ではなく、パロディ短歌を作ってみるとか、長い回文を作ってみるとか、語彙力を豊かにする方法はまだまだありそうです。

ことば＝言語は一定のルールにしたがって使われています。だから、そのルールを知り、それに沿ってことば＝言語を使うことはもちろん大事です。しかし、少し脱線《だっせん》する、少し遊んでみる、少しはちゃめちゃになってみる、そういうことも大事だと思います。そうすることによって、言語のバランスがとれ、ことば＝言語を使うこと自体がおもしろく、楽しく、愉快になるはずです。

「おもしろく、楽しく、愉快に」これが語彙力を豊かにするポイントかもしれません。やらされるのではなく、ボー暗記をするのではなく、自分から頭を使って、皆さんも語彙力を豊かにしてみてください。本書が何かヒントになれば嬉《うれ》しいことです。

著者紹介

今野真二（こんの・しんじ）

1958年、神奈川県生まれ。清泉女子大学教授。日本語学専攻。『学校では教えてくれない ゆかいな日本語』『ことばあそびの歴史』『戦国の日本語』『図説 日本の文字』『図説 日本語の歴史』（以上、河出書房新社）、『漢字とカタカナとひらがな』（平凡社新書）、『漢和辞典の謎』（光文社新書）、『常用漢字の歴史』（中公新書）、『盗作の言語学』（集英社新書）、『超明解！ 国語辞典』（文春新書）、『辞書からみた日本語の歴史』（ちくまプリマー新書）、『日本語学講座』（全10巻、清文堂出版）など著書多数。

14歳の世渡り術

大人になって困らない 語彙力の鍛えかた

2017年11月20日　初版印刷
2017年11月30日　初版発行

著　者　今野真二

イラスト　丸山誠司
ブックデザイン　高木善彦

発行者　小野寺優
発行所　株式会社河出書房新社
〒151-0051　東京都渋谷区千駄ヶ谷2-32-2
電話　(03) 3404-8611（編集）／(03) 3404-1201（営業）
http://www.kawade.co.jp/

印刷　凸版印刷株式会社
製本　加藤製本株式会社

Printed in Japan
ISBN978-4-309-61711-4